大都會文化
METROPOLITAN CULTURE

大都會文化
METROPOLITAN CULTURE

菩提樹下的禮物。

改變千萬人的生活智慧

引子：菩提樹下的故事

對於幸福的渴求貫穿了我們的一生，我們終其一生都在期盼幸福、尋找幸福和追逐幸福。我們把幸福視為人生的奮鬥目標，幸福卻總在彼岸微笑。怎樣才能得到幸福呢？

經中說：「言善法者，謂人天乘，聲聞菩提，緣覺菩提，無上菩提。皆以此法為根本而得成就，是名善法。」就讓我們來到菩提樹下，閉目神遊、禪定內觀，一夢千年去尋找心中的幸福吧！

一棵樹，枝葉繁茂的菩提樹；一個人，渴求幸福的人，人在樹下，面向東方，盤腿靜坐。人立下誓言：我若不能得到無上正覺，寧讓此身粉碎，永不起此座。

終於在七七四十九天之後，這個人大徹大悟。從此開始四處雲遊、弘揚佛法、教化眾生。

這個人，就是佛祖釋迦牟尼。而伴隨他悟道的菩提樹依然巍巍立在那裡，過著風起則動，風靜則止的日子。

不知過了多少年，又有一個人長途跋涉來到了這棵菩提樹下。他又熱又渴，坐在菩提樹下歇息，看著前方的路發出了一聲無奈的感嘆：「幸福到底在哪裡？」

這時，菩提樹灑下一片綠蔭為他消除燥熱，震顫枝葉為他帶來陣陣微風，片刻的舒緩讓他昏昏欲睡。「尋找幸福的腳步不能停！」他告誡著自己，「為了幸福，我要繼續向前尋找！」他強迫自己打起精神繼續趕路，但他實在太累了。就在半夢半醒左右掙扎的時候，聽見有人對他說：「你太累了，該休息一下了。」

他忽地起來四下觀望，除了身邊的菩提樹，四周別無他物。思索間菩提樹又散動枝葉說話了：「呵呵，別找了，是我在對你說話。」

這個人見是一棵樹就嘆了一口氣說：「我何嘗不想歇息，可我要追求的幸福豈是一棵蠢樹所能瞭解的。」

菩提樹枝條抖動：「哈哈，以前我的確是一棵蠢樹，以前我所慶幸的，都是我所要感激存在的。用一朵花開的時間，見證我的幸福，用一場春雨輪迴的時間來祈禱；希望所有的一切，都一如往常的存在，所有我的祝福與感恩成為永恆，亙古不變。

「事實上這些是不可能不變的，我所祈求的幸福最終都會枯萎、腐朽、消失。我能悟到此處皆因我的恩師釋迦牟尼，千百年前我沾染了他的佛性，開啟了心智。菩提者，智慧也，歷經滄桑終於悟出了此中真諦。」

這個人心中一驚，說：「千百年？」

菩提樹繼續說：「呵呵，是的，那已經是很遙遠的事了，一棵蠢樹能這麼長時間枝繁葉茂，你不覺得奇怪嗎？」

這人忙起身作揖：「您能講講您悟出的幸福真諦嗎？我一直在尋找幸福，可是一直都沒有找到。」

菩提樹輕輕地晃動著身上的樹葉，好像是在微笑著說：「其實幸福很簡單，它就在你的身邊，你要做它的主人，要使它臣服於你，為你服務，而不是你成為它的奴隸。調整自己的心態，讓它不再執著於敵意、不安、成見、偏見和情欲之中。

「面對真實，看清生活、工作和生命的真相，不致迷失人生的方向。解開執著或情感汙染的束縛，發現心靈深處的真我；從中找到真正皈依處，你就會輕而易舉地抓住真正的幸福。」

這個人低頭想了想，又看看菩提樹：「我覺得幸福好像就在我的身邊，可是我怎麼也抓不住它，您能指給我一條明確的路嗎？我的生活中什麼都不缺，可是我總覺得自己不幸福。」

菩提樹靜靜地站在那兒，用智慧的目光看著這個人，好像要在他身上尋找到什麼，過了許久才對這個人說：「其實幸福就在你的生活中，就在你的身旁，端看你能否把握住它，快回去吧！回去享受你的幸福人生。」

「可是我在生活中並沒有發現幸福，我發現生活中到處都是不開心的事，謝謝您告訴我幸福的真諦，但那是您的幸福而不是我的，我已發過誓，如果找不到幸福就絕不回去。」這個人滿臉倔強地說。

菩提樹看著這個執著的人，慢慢揮動著樹葉說：「我很喜歡你這種執著的人，我能幫你找到幸福，我為你準備了幾樣禮物，它們可以使你幸福。不過我不能一下都送給你，如果一下都送給你，你同樣不會幸福的，只有你遇到很大的困難時，我才能送給你。回去吧，別忘了遇到困難時來找我。」

「好吧！那我就回去了，您一定不要忘了您的承諾。」

……

隨著一陣涼風颳過，飽睡的人忽然翻身坐起，這原來只是一場夢，然而夢中的話卻猶在耳邊。他看著菩提樹，菩提樹好像在告訴他：「別忘了我們的約定。」於是這個人轉身離開了菩提樹，惆悵著踏上了回家的路。

目錄

把健康留住 129

別跟自己過不去 181

心態好活得好

這個人回到了家中，把從菩提樹那裡得來的幸福真諦寫在記事本上，仔細推敲，希望能從中找到屬於自己的幸福。過了好久，他好像明白了點什麼，又好像什麼都沒明白。

忽然，一陣雷聲，打破了他的思緒，他又回到了現實。最近他的生活也不知出什麼問題了，總是一個人悶在屋裡睡覺，不願見任何人。所有的人都認為他可能是工作太累的原因，休息兩天就好了。可是他不這麼認為，因為他已經休息好幾天了，還是那個老樣子。

他看了看窗外，天空陰沉沉的，「怎麼又要下雨了，就連天氣都在和我作對。」他沒好氣地自言自語。這場雨下了好幾天，他的心情也越來越壞。

幾天後，天氣終於放晴了，他決定出去散散步，希望這樣能使自己的心情變得好點。走著走著，他突然想到了那棵曾經許諾送他禮物的菩提樹，「我為何不去找他幫忙呢？」於是，他順著那條泥濘的小路來到了菩提樹下。

他默默地看著菩提樹那被雨水洗刷過的樹葉，顯得那麼的綠、那麼的耀眼。他開始向菩提樹訴說自己那如黑夜般的生活：「我最近也不知怎麼了，好像生活中所有的東西都在和我作對，我做什麼事總覺得沒精打采，沒有自信。我很自卑，不能和身邊的每一個人和睦相處，心情也總是壞透了，覺得生活好累，好無聊！您能告訴我這是怎麼了嗎？」

菩提樹看著這個心中充滿怨恨的人，心中有一絲憐惜，它用親切的聲音說：「生活不是這樣的，是你的心態出了問題，生活中的一切都沒變，是你變了。是你不能用一個正確的心態去面對生活。

「在生活中快樂與煩惱並存，正如生與死相伴；希望與失望共存，正如成功與失敗相互轉換；選擇與放棄同在，正如完美與缺憾一個都不能少。一個人活得好與不好，關鍵在於你心態的選擇。如果你選擇了快樂，那麼快樂自然就會在你身邊；尋找希望，失望便會逃之夭夭。

「與其茫然的生活，不如嘗試改變一下自己的心態。只要調整好自己的心態，生活的品質自然就會提高，生活自然就會變得幸福了。」菩提樹給這個人耐心地講著。

「這就是我送你的第一件禮物，『心態好活得好』」。

1 心態決定生活

經常聽人這麼說：「活得很累，活得很窩囊，活得很無聊……」他們總覺得出現這種煩惱的主要原因，都是由外界的客觀因素引起的，其實這種想法是錯誤的，為什麼我們不去審視一下自己面對生活的心態呢？

很多人面對人生失敗的困境、屢遭挫折的煎熬、無人幫忙的無奈時，往往是埋怨自己的家境、學歷的淺薄、工作的不適合……可是對自己的冷漠、無知、懶惰、迷茫、軟弱、輕視等消極心態卻熟視無睹。

承受生活的好與壞的主體是自己，不是別人。很多事實證明，活得累多是自己心智未開，窩囊多是自己無能，貧窮多是自己觀念未改和懶惰的結果。

俗話說：「積極的人，像太陽，照到哪裡哪裡亮；消極的人，像月亮，初一十五不一樣。」好的心態決定好的命運。「你的心態就是你生活的主人，它決定了你是否生活得幸福。」這是一位哲人說過的話。因此，你生活得好與不好，關鍵在於自己所選擇的心態。

一個會享受生活的人，他的心態肯定也是積極的，這樣的人總能對人生表現出一種自信，一種生命力，並讓財富、成功、幸福、快樂和健康向他靠攏。一個喜好逃避生活的人，總是懷有一種消極的心態，具有「求敗性格」，表現為悲觀、恐懼、麻木、脆弱。這種心態是心靈的疾病和垃圾，它排斥財富、成功、幸福、快樂和健康。

試問，懷有這種心態的人，怎麼能感受到生活的溫暖呢？何談活得好？所以，心態不僅是可以讓我們活得好的素質，也是能力，更是生產力。

有這麼一個小故事，想必大家都有所耳聞。在美國，有兩位老太太是十分要好的朋友，並且都已年近七十歲了。

一位老太太認為，到了這個「古來稀」的年紀可謂是人生的盡頭，哪還敢再奢望或者討論關於「活得好」的話題啊，於是整天在想自己的後事。由於整天憂鬱寡歡，這位老太太在第二年的冬天就去世了。

另一位老太太則這樣認為，一個人的生活過得好與不好，跟年齡的大小沒有關係，而在於自己對生活的選擇：我雖然七十歲了，但我依然可以找到使自己活得好的途徑。

於是，她在七十歲高齡之際，不顧家人的反對開始嘗試登山的樂趣。她覺得登山不僅可以鍛鍊身體，延長壽命，更重要的是可以使自己飽覽大自然的風光。

這位老太太從七十歲開始爬山，前後二十多年，她不僅征服了許多名山，更以九十五歲的高齡登上了日本的富士山，打破攀登此山年齡最高的紀錄。她就是著名的胡達．克魯斯老太太。

七十歲開始學習登山，這是一大奇跡。當記者們採訪克魯斯老太太時，她的精神面貌和幽默的語言感染了所有在場的記者。有位記者問：「您的精神這麼好，又如此長壽，有希望打破金氏世界紀錄……不過，我很想知道您活得好的秘密，是因為爬山運動練就的嗎？」

「不是，是我選擇生活的心態。有了一個好心態，我才會選擇爬山，才會選擇生活，才能得到生活給我的一切，包括健康、幸福……」克魯斯老太太微笑著回答了記者的每一個問題。

翻開佛家經書，我們經常會看到「物隨心轉，境由心造，煩惱皆由心生」這類話語，說的就是一個人有什麼樣的精神狀態，就會產生什麼樣的生活品質。歌德也曾經說過：「人之幸福在於心之幸福。」

雖然生活有真實，也有虛幻；有陰暗，也有晴朗；有暴風雪，也有風和日麗；有高潮，也有沉悶……但我們要想活得好，就要用「心」去尋找積極的一面。正如明朝的陸紹珩在《醉古堂劍掃》中寫的：「田園有真樂，不瀟灑終為忙人。誦讀有真趣，不玩味終為鄙夫。山水有真賞，不領會終為漫遊。吟詠有真得，不解脫終為套語。」

同樣，法國雕塑家羅丹也曾說過：「對於我們的眼睛，不是缺少美，而是缺少發現。」生活裡有著許許多多的美好，許許多多的快樂，關鍵在於我們能不能發現，而要發現它，關鍵在自己。

為什麼有的人就是比其他的人更成功，賺錢更多，擁有的工作更好，人際關係更廣，身體更健康……似乎他們天生就是比別人過得好，而許多忙忙碌碌的人卻只能維持生計，這到底是什麼原因？

難道人與人之間會有這麼大的區別嗎？如果差別不是很大，那又為什麼有許多人能夠獲得成功，能夠克服萬難去建功立業，有些人卻不行？終於，心理學專家們找到了答案，那就是——人與人的心態不一樣。

一個世紀前，南非某貧窮的鄉村裡，住著一對十來歲的小兄弟。為了謀生，兄弟兩人決定離開家鄉，到外面去謀發展。於是，大哥被奴隸主賣到了富庶的舊金山，弟弟被賣到很窮困的菲律賓。

四十年轉眼即過，哥哥在舊金山的繁華鬧市擁有一間餐館和一間雜貨鋪，雖然不是很富有，但也算是過上了溫飽生活，並且子孫滿堂。

而弟弟呢？居然成了一位享譽世界的銀行家！不僅擁有東南亞相當數量的橡膠園和銀行，而且子孫們一個個都是金融界的明星。經過幾十年的努力，兄弟倆都成功了。但為什麼他們在事業上的成就，卻有如此的差別呢？

兄弟相聚，不免談談分別以來的遭遇。哥哥說：「我雖然被賣到了富庶的舊金山，但我總覺得我們黑人到白人的社會，要想過上幸福的生活，唯有用一雙手煮飯給白人吃，為他們洗衣服……於是，白人不肯做的工作，我們黑人統統頂上了。生活是沒有問題的，但做大事業卻不敢奢望。

「例如我的子孫，書雖然讀得不少，但我還是教導他們不要妄想進入上層的白人社會，安分守己地去擔當一些中層的技術性工作來謀生就可以了。」

看見弟弟這般成功，做哥哥的，不免羨慕弟弟的幸運。弟弟卻說：「幸運是沒有的。初到菲律賓的時候，擔任些低賤的工作，但我不甘心做這些事情，我的心裡時刻記著要過上流社會的生活。

「後來我發現當地的人有些是比較愚蠢和懶惰的，於是便接下他們放棄的事業，慢慢地不斷收購和擴張，生意就這樣逐漸做大了。」

這個故事告訴我們：影響我們人生的絕不僅僅是環境，心態控制了個人的行動和思想。同時，心態也決定了自己的視野、事業和成就。

一個人能否成功，就看他的態度。成功者與失敗者之間的差距在於：成功者始終用最積極的思考、最樂觀的精神和最輝煌的經驗，支配和控制自己的人生。失敗者則剛好相反，他們的人生是受過去的種種失敗與疑慮所引導和支配的。

有些人總喜歡說，他們現在的境況是別人造成的，他們的想法是無法實現的。但事實是，我們的境況不是周圍環境造成的。說到底，一個人活得好與不好，完全由我們自己的心態決定。

2 每天都要保持好心情

對於很多現代人來說，時代不斷前進，就會有隨之而來的生活壓力不斷加重，這些都是有目共睹的。每當我們遇到太多的挫折時，總會不經意地說：「活得真累。」每當我們面對平凡的生活起厭倦之意時，也都會說：「活得真沒意思。」……

於是，「活得累」、「活得煩」、「活得沒意思」等消極的話語就成了很多人的口頭禪，如何讓自己把「活得好」、「活得有意思」、「活得精彩」等詞語常掛嘴邊呢？首先，我們必須要學會調整自己的心態，以重塑美好的生活。

我們都知道，人的心情總是隨著外界的因素而不斷變化，有的時候就如春夏之交的天氣一樣，陰晴不定、風雲變幻。假如我們每天都能夠讓自己保持好心情，那麼我們就會體會到生活的真諦，雖然這實在很難做到，但又很值得大家去做。

每天都能保持一個好的心情，不僅是身體和精神的最佳保養法，也對人的身心健康有著道不盡的益處；而不好的心態不僅是生活中的腐蝕劑，還會給你的人生釀成禍端，造成難以估計的損失。

一個心情不好的人，總覺得工作不順利，與他人難以相處。有的時候一場誤會，一句謠言等等，都會令他煩躁不已，甚至引起無端的是非；而一個心情好的人，從早到晚都保持滿面春風，工作順利，與人交往也很和睦。即便是碰到棘手的問題或者一場誤會，也能夠順利地把矛盾化解。這樣的人不僅事業有成，家庭和睦，最重要的是生活得好。

傑森是一家知名速食連鎖店的員工，他的工作就是煎漢堡。剛開始，傑森一上班就希望能夠聞到那香噴噴的漢堡味，而且心情很好。可時間久了，每天都要面對漢堡，傑森總覺得很單調，慢慢地發展到厭惡，最後當他每天要上班的時候或者是聽到有客人要點漢堡的時候，他的心頭就產生一股無名的火。

久而久之，傑森得了一種「怪病」，只要一聽到「漢堡」這個詞，他就會狠命地咬牙切齒並不停地嘟嘟囔囔，情緒低落到了極點。

為了能夠治好自己的「怪病」，傑森只好去看心理醫生。心理醫生開玩笑地告訴傑森，他患上了一種「漢堡壓抑症」，也就是我們常說的「職業憂鬱症」。一般情況下，這種憂鬱症的症狀可以分為「輕度憂鬱症」與「重度憂鬱症」。

輕度憂鬱症患者可以工作謀職，不過情緒一直是處於低落和極度厭惡的狀態，傑森就應該屬於這個層次的患者。這種慢性輕度憂鬱症，當遭遇重大變故時，很可能就會演變成重度憂鬱症。

而重度憂鬱症患者的精神狀態，可以說總是被「愁苦」所籠罩，會產生輕生或者厭世情緒。病人常會感到人生無助無望、自己沒有存在價值、生不如死等等，並且會有一連串的退縮行為。

傑森聽完心理醫生的話，不禁倒抽一口涼氣。心理醫生繼續說道：「其實治療的處方很簡單，也就是——改變心態，每天保持好心情，讓自己活得更好。」

接著，心理醫生很神秘地給了傑森一個具體的治療方法，並囑咐他每天上班都要按時「服藥」。

正如美國著名成功學家威廉．詹姆斯所說：「我們這一代人的最大發現：人能改變心態，從而改變自己的一生。」

之後，傑森每天都很快樂地工作，尤其在煎漢堡的時候，他更是用心，許多顧客看到他心情愉快地煎著漢堡。對他每天都能夠保持好心情感到不可思議，十分好奇，紛紛問他說：「煎漢堡的工作環境不好，又是件單調乏味的事，為什麼你可以如此快樂？」

傑森說：「在我每次煎漢堡時，我便會想到，如果點這漢堡的人可以吃到一個精心製作的漢堡，他就會很高興，所以我要好好地煎漢堡，讓吃到我做的漢堡的人，能感受到我帶給他們的快樂。

「看到顧客吃了之後十分滿足，並且神情愉快地離開時，我便感到十分高興，心中覺得彷彿又完成了一件重大的工作。因此，我把煎好漢堡當作是我每天工作的一項使命，這也是我為什麼能夠保持好心情的原因。」

顧客們聽了他的回答之後，對他能用這樣的工作態度來煎漢堡，都感到非常欽佩。他們回去之後，就把這件事情告訴周圍的同事、朋友或親人，一傳十、十傳百，很多人都來到這家速食店吃他煎的漢堡，同時看看這個「快樂地煎漢堡的人」。

後來，顧客紛紛把他們看到這個人的認真、熱情的表現，反映給公司，公司主管在收到許多顧客的反映後，也去瞭解情況。公司有感於他這種熱情積極的工作態度，認為值得獎勵並給予栽培。沒幾年，傑森不僅治好了自己的「怪病」，還升為了區經理。

一個人可以沒有財富、沒有豪華的洋房和車子、沒有美麗的外貌、沒有高薪的工作等，但不能沒有美好的心情，因為上述一切的總和未必能換取一個快樂的心情，這才是生活的真諦！

擁有好心情，是活得幸福的保障！晴天、雨天都是一樣的好天氣；圓月、彎月都是一樣的好月亮；開始、結束都是一樣的好故事。對於別人的閒言碎語，統統當作耳邊風；對於看不慣的事情，統統當作過眼雲煙……

每天擁有好心情，是做事業的前提，更是活得幸福的保障。一個經常保持好心情的人，縱使吃家常便飯也能嚼出一種幸福的滋味，縱使睡在普通的房間裡也能做個甜美的夢。

文學巨匠魯迅先生曾說過：「要麼在沉默中爆發，要麼在沉默中死亡。」幸福與否的關鍵是看自我調節的能力。煩惱和幸福都是自己找出來的，很多時候把自己的心情放鬆一點就不會這麼憂鬱了。

比如：天氣漸漸好起來了，找點時間和朋友玩玩，或者抽點時間去做自己想做的事情，嘗試一些沒做過的事情。放鬆了心情自然就不會感到不開心了，很多事情我們本身無法控制，所以只能控制好自己。

其實人生本來就是一種態度，活得好與不好的界限，完全來自於我們的感覺。活得幸福是一種感受，好心情是一種心態，如果我們能夠改變自己負面的心態，就一定能夠增加我們在生活中所能感受的快樂與成就感。

因此，如何找到活得好的途徑，方法很簡單，我們只需要——保持好心情。

3「積極」創造美好生活

活得好與不好，在每個人的心中都有著不同的定義，但毋庸置疑的是，每一個人都渴望活得好，想要追求美好生活。

在普通人看來活出真正的幸福或許遙不可及，但實際上，活得是否幸福，就在於「易如反掌」這個動作上，假設手心代表幸福，手背代表不幸福，這就要看你如何去反掌了。

積極心態是幸福的起點

有一位成功學大師把人的心態比作一枚硬幣，硬幣的一面代表積極心態，另一面代表消極心態，選擇什麼樣的心態處事，就意味著擁有什麼樣的生活。

在現實生活中，雖然有很多人都玩過「擲硬幣猜輸贏」的遊戲，卻不懂得如何選擇心態去處事，總是把眼光局限於自己生活中所遇到的不如意，帶著這種消極心態去生活，怎能活出幸福呢？

積極的心態是幸福的起點。它能激發你的潛能，愉快地接受意想不到的任務，悅納意想不到的變化，寬容意想不到的冒犯，做好想做又不敢做的事，獲得他人所期望的發展機遇，你自然也就會超越他人。

若是消極的思想壓著你，像一個要長途跋涉的人背著無用的沉重大包袱一樣，這會使你看不到希望，也失掉許多唾手可得的機遇。

在澳大利亞的一個池塘邊，有兩隻青蛙在快樂地覓食，一不留神，這兩隻青蛙一起掉進了路邊的一個牛奶罐裡。牛奶罐裡的牛奶雖然不多，但是足以讓兩隻青蛙體驗到什麼叫滅頂之災。

一隻青蛙想：完了，完了，全完了。這麼高的牛奶罐，我是永遠也出不去了。於是，牠很快就沉了下去。另一隻青蛙在看見同伴沉沒於牛奶中時，並沒有一味放任自己沮喪、放棄，而是不斷告誡自己：「上帝給了我堅強的意志和發達的肌肉，我一定能夠跳出去。」牠每時每刻都在鼓起勇氣，用盡力量，一次又一次奮起、跳躍——生命的力量與美展現在牠每一次的搏擊與奮鬥裡。

不知過了多久，牠突然發現腳下的牛奶變得堅實起來。

原來，牠的反覆跳動，已經把液狀的牛奶變成了一塊乳酪。不懈的奮鬥和掙扎終於換來了自由的那一刻。牠從牛奶罐裡輕盈地跳了出來，重新回到了幸福的池塘裡。而那一隻沉沒的青蛙就這樣留在了那塊乳酪裡，牠做夢都沒有想到會有機會逃離險境。

遠大理想和明確的目標是積極心態者的重要表現。沒有遠見的人只看到眼前的、摸得到的、身邊的瑣碎事、小事，個人的精力被這些瑣事消耗掉。有遠大理想的人具有遠見，遠見不僅使人站得高，看得遠，看到有重大意義的事，而且能使之成為明確的目標，採取積極的行動去實現它。

每個幸福者都有明確的自我發展目標，他們腳踏實地，堅韌不拔，不斷地實現具體目標，不斷地體驗幸福感，以激發內在的動力，直至達成偉大的目標。

生活是有兩面性的，人也是有兩面性的，關鍵在於你怎樣去審視，怎樣去選擇：面對太陽，揚起你的笑臉，你所見到的將是燦爛的世界；背對太陽，你看到的只會是自己的影子，那將使你舉步維艱，離幸福越來越遠。

有一匹老馬，掉到了一個廢棄的枯井裡，枯井很深，根本爬不上來。主人看牠是匹老馬，懶得去救牠，打算讓牠在那裡自生自滅。

那匹老馬一開始也放棄了求生的希望，而且每天還不斷地有人往裡面倒垃圾。按理說老馬應該很生氣，應該天天去抱怨，自己倒楣掉到了枯井裡，主人不要牠了，就算死也不讓牠死得舒服點，每天還有那麼多垃圾扔在牠旁邊。

可是有一天，牠決定改變自己的心態，牠每天都把垃圾踩到自己的腳下，從垃圾中找些殘羹來維持自己的生命，而不是被垃圾淹沒。終於有一天，牠重新回到了地面上。

在現實生活中，對於任何一個人來說，一帆風順並不是永遠都有的，其實更多的時候是不如意，無論現實多麼不如人意，我們也可以慢慢積累能量和實力。很多時候，決定這一切的是心態，有了正確積極的心態，就可以將壓力轉化為動力，踏上成功的舞台。

敢想敢做才敢贏

誠然，世界上的窮人確實太多了，但他們只是甘於過窮日子，從來沒有想過自己為什麼這麼窮，從來沒有站出來說一句：「窮，也要站到富人堆裡！」他們沒有認清自己還有選擇成功的餘地。

我們每天聽到的都是這樣的話：「我很喜歡那個東西，但是我買不起。」「我買不起」、「我花不起」。沒錯，你是買不起，但不必掛在嘴上。如果你不斷地說：「我買不起。」那你一輩子真的會這樣「買不起」下去。

選擇一個比較積極的想法，你應該說：「我會買的，我要得到這個東西。」當你在心中建立了「要得到」、「要買」的想法，你就同時有了期待，心裡就有了追求它的激情。

千萬不要摧毀你的希望，一旦你捨棄了希望，那麼你就把自己的生活引入了挫折與失望中。不管你希望擁有財富、事業、快樂，還是期望別的什麼東西，都要以一種積極的態度和行動去得到它。

洛克菲勒在他還不出名的時候曾說過：「有一天，我要變成百萬富翁。」他果然實現了願望。所以，你應該瞭解：一切你想要得到的東西在還未實現之前，本來都只是一些想法。你的經濟情況也一樣，先要有想法，然後才會變成現實。

想法改變了，外在改變也會隨之而來，這可是一條永遠不變的法則。如果你經常說「我付不起」、「我永遠得不到」、「我註定是窮人的命」……那你就封閉了通往自謀幸福的路。

只有不時地進行選擇性的思考，才會改變想法和現實。必要的時候，不妨運用一下想像力，你會發現：以前不敢奢望的好運會降臨，生命會有轉機，你的生命會出現一種嶄新的面貌。

這種威力——即積極心態的選擇，如果運用得法，將能使生活盡如人意。

自信讓生活更加輕鬆

隨著社會的發展，人們越來越注重自己的生活品質，於是「不在乎錢多少，只在乎活得好」的口號就成了一句流行語言。然而怎樣才能「活得好」呢？首先我們必須培養出能讓我們生活得更好的先決條件——自信。

每個人都有自己的優缺點，如果我們能夠把自身的優點淋漓盡致地發揮出來，就可以充分實現自我存在的人生價值，就可以增強自己追求美好生活的信心。

有人曾問球王貝利：「您最得意的進球是哪一個？」貝利樂觀自信地說：「下一個！」就是這不滿足於現狀的「下一個」，使球王貝利數十年馳騁於球場，踢出了一個比一個更精彩的進球。

由此可見，樂觀自信常常能使人樹立更高的信心和目標，去戰勝強大的困難，取得最終的勝利，所以愛默生說：「自信是成功的第一秘訣。」居里夫人也曾說：「我們要有恆心，要有毅力，更重要的是要有自信心。」

春秋戰國時代，一位父親和他的兒子出征作戰。父親已做了將軍，兒子還只是馬前卒。又一陣號角吹響，戰鼓雷鳴了，父親莊嚴地托起一個箭囊，其中插著一支箭。父親鄭重地對兒子說：「這是家傳寶箭，配帶身邊，力量無窮，但千萬不可抽出來。」

那是一個極其精美的箭囊，鑲著幽幽泛光的銅邊，再看露出的箭尾，一眼便能看出是用上等的孔雀羽毛製作。兒子喜上眉梢，貪婪地推想箭杆、箭頭的模樣，耳旁彷彿有嗖嗖地箭聲掠過，敵方的主帥應聲折馬而斃。

後來，配帶寶箭的兒子英勇非凡，所向披靡。當鳴金收兵的號角吹響時，兒子再也禁不住得勝的豪氣，完全背棄了父親的叮囑，強烈的欲望驅使著他呼地一聲就拔出寶箭，試圖看個究竟。驟然間他驚呆了。

這是一支斷箭！箭囊裡裝著一支折斷的箭。我一直背著斷箭打仗呢！兒子嚇出了一身冷汗，像是頃刻間失去支柱的房子，轟然一聲，意志坍塌了。結果不言自明，兒子慘死於亂軍之中。

拂開濛濛的硝煙，父親撿起那支斷箭，沉重地啐一口道：「沒有自信的人，永遠也做不成將軍。」

除了上述的故事之外，著名的萊特兄弟初試飛行時，也曾經有人譏笑他們是異想天開。但萊特兄弟充滿信心地說道：「即使上天的夢想永遠是一個夢，我們也要在夢中像鳥兒一樣離開大地，到湛藍的天空中飛翔。」

一次次地試驗，一次次地失敗，萊特兄弟的耐心被考驗到了極點。當又一次看到飛行器尚未離開地面就被撞得粉碎時，萊特兄弟再也忍耐不住了，當著譏諷他們的飛行器是「永遠飛不起的笨鴨」的人面前流下了眼淚。

但當他們執手相看淚眼時，他們竟又同時說：「兄弟，讓我們擦乾眼淚再來一次，我想我們最終會成功的。」

終於，飛行器平穩地離開了地面。儘管只是短短的幾十分鐘，但從此人類像鳥兒一樣在天空中飛翔的夢想，已經變成了可以達到的現實。從這一刻起，人類不再徒羨鳥兒的自由。

萊特兄弟的例子給我們的啟示是深刻的，它告訴了我們，當遇到困難、遭到挫折時，應像萊特兄弟一樣有「再試一次」的決心。

事實證明，否定自己是一種消極的力量，它常常使人走向失敗之途；而一個樂觀自信的人，則常常踏上成功之路。所以說，樂觀自信是一個人加強自身修養、提高生活品質的一種巨大的精神力量，同樣也是我們能夠生活得好的保障之一。

總而言之，一個活得幸福的人，一定是個具備自信心的人。怎樣才能成為有自信心的人？這就看你懂不懂得欣賞自己了。你可以想想自己有哪些優缺點，然後試著改正缺點，發揮長處。這是培養自信心的辦法之一。不過，最重要的還是在於你必須懂得欣賞、喜歡自己才行。

那麼，如何才能做到真正擁有自信心呢？

1.首先對自己抱有希望。如果你連使自己改變的信心都沒有，那就不要再向下看了……要對自己寬容，並使事情看起來容易做到。

2.表現得自信十足，這樣會使你變得勇敢些。

3.停下來想一想。既然別人面對沮喪和困難時能克服，當然自己也能。

4.只有想不到的事情，沒有做不成的事情。

5.我們大多數人所擁有的自信，遠比我們想像的更多。

6.克服局促不安與羞怯的最佳方法，是對別人感興趣，並且想著他們。然後膽怯便會奇跡般消失。為別人做點事情，舉止友好，你便會得到驚喜的回報。

7.只有一個人能治療你的羞澀不安，那便是你自己。沒有什麼方法比「忘我」更好。當你感覺膽怯、害羞和局促不安時，立刻把心思放在別的事情上。如果你正在演講，那麼除了講題，一切都忘了吧。忘記自己，繼續你的演講。

8.只要下定決心，就能克服任何恐懼。請記住：除了在腦海中，恐懼無處藏身。

9.害怕時，把心思放在必須做的事情上。如果準備充分，便不會害怕。

當然，自信不等於自滿。自滿是盲目的自負，是生活的包袱，是失敗的因素。自信是建立在堅實的知識基礎上的科學思維，不是毫無根據的自以為是。因而說：自滿不可有，自信不可無。

所以，只有自信的人，才能真正站到自我實現的舞台之上。面對金錢、權勢、名聲、地位等等耀眼的鎂光燈，鎮定自如地表現自己。邁向巔峰，不斷超越，成就豐滿真實的完美人生！

5 對自卑說「再見」吧

人生本是一條五彩繽紛的河，每時每刻都會掀起巨瀾與漩渦；人生又似高山上的樹，經受著春夏秋冬風雨霜雪的考驗與摧折。然而，不論在什麼環境中，河仍然奔騰前進；不論在什麼季節裡，樹總是挺拔向上。

可是，在現實生活中，有的人在一帆風順的條件下，慷慨陳詞，信心百倍，但一遇逆境便萎靡不振，如霜打秋荷一般。須知，「戰勝自己的自卑和怯弱，是對活得好的最好祝福」。在逆境中，應該像人們所說的那樣，「手提智慧劍，身披忍辱甲」，這樣的話更需要擁有自信。

我們都知道臥薪嚐膽的故事，古人可以在逆境之中信心百倍地成就一番事業，今天的人不是更應該克服自卑，刻苦學習，勵精圖治，毫不鬆懈地開創自己的事業，創造美好的生活嗎？

自卑是扼殺幸福的劊子手

自卑是人類一種反常的自我意識，是一種消極而有害的情緒。它會使人感到生不逢時，命運多波折，甚至頹廢悲觀，自暴自棄。

這也是一個發生在春秋戰國時期的故事。當時的齊國和楚國的國君都十分喜歡賽馬，為了一比高下，經常不惜重金從塞外購買良駒以備比賽用。

齊國有一匹良駒被齊王封為「閃電王」，牠曾取得過無數次賽馬比賽的好成績，被所有大臣公認為是齊楚兩國良駒比賽中的種子選手。事實上，牠的確是很有希望獲勝的，牠被精心地照料、訓練，並被宣傳為唯一能擊敗在任何時候都能稱王的紅色良駒「火神」的寶馬。

後來，這兩匹良駒終於相遇了。

那天是一個極為莊嚴隆重的日子，萬眾矚目著起跑點。當這兩匹馬沿著跑道並列奔跑時，人們都清楚「閃電王」和「火神」都在做殊死的搏鬥。跑了四分之一的路程時，牠們不分高低，跑了一半的路程，跑了四分之三的路程，牠們仍然不分高低。在僅剩八分之一路程的地方，牠們似乎還是齊頭並進。

然而就在這時，「閃電王」使勁向前竄去，跑到了前面。

這時是「火神」騎手的危急關頭，他在賽馬生涯中第一次用皮鞭持續地抽打著坐騎。「火神」的反應是這位騎手似乎在放火燒牠的尾巴，牠就猛衝到前面，同「閃電王」拉開距離，相比之下「閃電王」好像靜靜地站在那兒一樣。比賽結束時，「火神」比「閃電王」領先七個身長。

「閃電王」本是一匹精神昂揚的馬，但因為這次的經歷，使得牠每次見到紅色的馬匹都產生很大的自卑感，從此一蹶不振。後來牠在一切比賽中都只是應付一下，從此沒再獲勝過，以至於被齊王趕出了皇宮，淪落成一匹馱貨物的普通馬。

人生雖然不是賽馬，但是像「閃電王」那樣自暴自棄的人卻大有人在，他們也像「閃電王」一樣，在信心的指導下曾獲得過輝煌成績，可是當他們一遇到挫折，就開始自卑，於是悲觀、失望，總看不到希望的燈火，最終一敗塗地。

所以說，自卑是生活綠洲上的瘟疫，它像一條腐蝕和啃齧著心靈的毒蛇，吸取著心靈的新鮮血液，並在其中注入厭世和絕望的毒汁。

自卑感是一種消極屬性，也是自信的對立面，它可以成為懦弱者的枷鎖，也可以成為奮擊者的鏡鑒。古往今來的奮擊者，都把克服自卑作為完善人格的一個重要內容。孟子就反對怨天尤人，缺乏自信，渾渾噩噩混日子的態度。

對自卑者的忠告

著名的成功教育學專家卡內基發現，世界上根本就不存在生來就膽怯、害羞、臉紅的人。這些心理的異常現象都是人在後天接觸社會後，因某種經歷誘發生成的。

既然是後天生成，那麼就能克服。卡內基還說：「世界上沒有一點都不膽怯、害羞和臉紅的人，包括我自己。人人都有，只是程度不同、持續的時間長短而已。」

從心理學上講，自卑感是自我憐惜的一種反應。自卑畢竟是一種負面情緒，一個人要是不將自卑感去除，一直被失敗感所支配，那就會像是患了絕症似的，心情漸受浸蝕，如果總是生活在低迷狀態，何談活得好？

很多自卑者都太在意別人對自己怎麼看，而對自己缺少應有的自信。不敢當眾表達自己的感受，不僅自己活得很累，也讓別人感到不舒服。

因此，你若想優於他人，追趕他人，就只能靠日後信心的建立。不管今後是否成功，至少可以遠離自卑，成為一個積極向上、努力追求幸福的人。如果你真想擺脫自卑心理，不妨用以勤補拙、揚長避短，讀一些名人傳記，停止對自己的貶低等辦法，使自己獲得真正快樂的生活。

八歲的富蘭克林．羅斯福是一個脆弱膽小的男孩，臉上總顯露著一種驚懼的表情。他呼吸就像喘氣一樣，如果被點名背誦文章，會立即雙腿發抖，嘴唇顫動不已，回答得含糊且不連貫，然後頹廢地坐下來。如果他有好看的面孔，也許就會好一點，但他卻有暴牙。

像他這樣的小孩，自我感覺一定很敏感，喜歡回避任何活動，不喜歡交朋友，成為一個自暴自棄的人！但羅斯福卻不是這樣，他雖然有些缺陷，卻保持著積極、奮發、樂觀、進取的心態，就是這種心態，激發了他的奮發精神。

他的缺陷促使他更努力地去奮鬥，他並沒有因為同伴對他的嘲笑便降低了勇氣，他喘氣的習慣變成一種堅定的嘶聲。他用堅強的意志，咬緊自己的牙床使嘴唇不顫動而克服了懼怕。後來，憑著這種奮鬥精神，憑著這種積極的心態，羅斯福不僅戰勝了自卑，還成為了美國總統。

羅斯福不因自己的缺陷而自卑，甚至加以利用，變其為資本，變其為扶梯而爬到成功的巔頂。在他的晚年，已經很少有人知道他曾有嚴重的缺陷。美國人民都愛他，他成為美國第一個最得人心的總統，這種情況是以前未曾有過的。

許多專家、學者不斷地對自卑者做出忠告，有時我們也會對自己發出警告資訊，但不論忠告還是警告，真正起作用的還是自己的積極心態。只要我們認清了自己心理是健全的，那麼對自己所追求、所喜愛的事物，在客觀條件允許的情況下，就要努力發掘自身的潛力，不懈地追求，用自己的優勢去尋找高品質生活。

那麼自卑者該如何走出自卑陰影，並使之轉化為尋找積極生活的動力呢？以下幾點應該是自卑者培養積極心態的最好做法：

1.正視自卑，充分瞭解自己的自卑來源於何處。問問自己，如果這些因素立即消失，自己會不會感到幸福，這樣做，有利於消除一些隱藏的、模糊的概念。

比如有位女孩認為自己長得醜（實際上不是很醜），工作一直不積極，情緒低落，但當她經過美容後，仍然對工作惶惑不安。因此，她真正的自卑是躲藏在容貌的後面，是對自己能力的不自信。對付自卑，正如對付敵人，不能知己知彼，也就不能戰勝它。

2.善用「補償」的功能。對於客觀存在的缺陷或不足，如果能改變的，比如口吃、學業不佳引起了自卑時，應該讓自卑化為全力以赴的動力以改正。有些不能改變的，比如個矮，即可集中努力於其他方面，如拿破崙的例子。其他像是容貌不美，可用優美談吐彌補；身體有缺陷，可以用功學習彌補等。

3.走路時要抬頭挺胸。心理學家告訴我們，假設你是一個嚴重自卑的人，這種走路方式更是重要，即使你不喜歡，也要裝出來，這樣起碼能讓周圍的人以為你是一個很有自信的人，也樂意和你打交道。

另外，懶惰的姿勢和緩慢步伐，會滋長一個人的消極思想；而改變走路的姿勢和速度可以改變心態。如果你相信的話，那就從現在起試試看！

4.微笑，目視前方，眼神要正視別人。心理學家告訴我們：不正視別人，意味著自卑；正視別人，表露出的則是誠實和自信。同時，與人講話看著別人的眼睛也是一種禮貌的表現。

5.敢於當眾講話。卡內基說：當眾講話是克服自卑、增強自信心、提升熱忱的最好方法。

當眾講話，誰都會害怕，只是程度不同而已。所以千萬不要放過每一次當眾發言的機會。如果還是不敢當眾講話，為了你的幸福生活，你可以去找一份推銷工作，它可以讓你變得愛說話。

6.在眾人面前努力表現自己。試著在你乘坐捷運或公車時，在較空的車廂裡來回走走，或是當步入會場大廳時有意從前排穿過，再或是約幾個朋友去KTV唱幾首歌。出席比賽的場合時，敢於選前排的座位坐下，以此來鍛鍊自己。

7.學會擴大自己的內在光暈。當我們有的方面不如別人的時候，千萬不可自己瞧不起自己，你完全可以通過擴大自己的特長來補償。也就是說，可以通過加強品德修養和專業修養，來彌補生理的缺陷與不足。

在現實生活中我們常常看到，有的人其貌不揚，甚至很醜，但心地善良，為人正直，助人為樂，彬彬有禮，學識淵博，才華橫溢，因而贏得了人們的好感與尊敬。

歷史上一些著名的人物就是以內在的充實來補償外在的缺陷而獲得成功的。像是亞歷山大、拿破崙、納爾遜，生來身材矮小，但他們在軍事上獲得了輝煌成就；蘇格拉底、伏爾泰，雖其貌不揚，但他們在思想上痛下功夫，結果在哲學領域中大放光芒，這些事例告訴我們，人的缺陷不但是可以補償的，而且可以轉化為獲取成功的動力。

我們之所以要克服自卑，是因為它對我們的生活有很大的副作用。但事物都有其兩重性，有一點「適度自卑」，恐怕也有些好處。它可以抑制自己的狂妄、焦躁，使自己思想有一點壓力，可以激發憂憤感，而獲取前進的心理動力。甚至一些有成就的名人在獲得成功之後還保留一點自卑心理。

例如著名物理學家法拉第，小時候因發「R」音上的缺陷而遭老師挖苦，被迫中途輟學。然而他另闢蹊徑，走上了科研之路，四十歲發明電磁轉化，之後又創造了世界上第一台發電機，打開了人類通往電氣化的道路。

他的名字轟動了全世界，但他說：「此種情況下，越發需要點自卑心理。」他不停頓地攀登科學新高峰，又多次獲得科研上的成功。故而人有一點「適度自卑」也未必不好。這就是生活的辯證法。

6 把感恩的心擦亮

二〇〇五年在中國的春節聯歡晚會上，一群由聾啞人士組成的舞蹈班，讓全中國的人領略到了美的別樣韻味。那是一種源自心靈的震撼，她（他）們以無聲的揮灑、曼妙的身姿，為有聲世界帶來了最為精彩的傳神畫卷。這就是《千手觀音》，一個在一夜之間被十幾億人記在心底的古典樂舞，它最終被觀眾們評選為春節聯歡晚會最喜愛的節目，捧取了象徵著榮譽與輝煌的至尊金杯。

那麼，這個由聾啞人士表演的節目，何以能夠在大牌雲集的春節聯歡晚會上脫穎而出，贏得如此高的讚譽？這其中的原因，首先就是因為這個節目是來自心靈的舞蹈。

據領舞邰麗華的介紹，演員們都是懷著感恩的心來演出的。因為身為身障人士，她們都曾得到過無數人的幫助，對「愛」與「善」有著超於常人的體驗和渴望。

音樂是舞蹈的靈魂，不幸生活在無聲世界的演員們從沒感受過音樂之美。但正是這一份特殊的際遇，使得她們的心與音樂息息相通，從最本質的意義上領略了音樂的靈魂，這是她們能將這個舞蹈闡釋得如此完美的重要基礎。

同樣，《千手觀音》舞蹈的編導張繼鋼幕後對億萬觀眾這樣講：「我覺得，聾啞人來演這個，殘疾人來演這樣一個千手觀音的作品，對於演員自身也是一個教育，讓他們懂得愛別人，接受別人的愛要知道感謝。

「你要是願意幫助別人，你要是個好人，別人會用另外的一千隻手來幫助你，你要是個好人，是個善良的人，你自然會伸出一千隻手去幫助別人，我認為這就足夠了。」

《千手觀音》把快樂感恩的心完全表達了出來，並表現對健康的人格、生命的熱愛和追求，以「愛是我們共同的語言」傳遞人類最大祈禱與祝福，表達的是真情，閃耀的是人性的光芒，這又怎能不讓人特別感動！

因此，我們要學會愛，要用千隻手去幫助身邊需要幫助的人；要學會感恩，要用千隻手去報答幫助過自己的人。

許多時候，我們總是抱怨，抱怨生活中的一切，不公平的待遇，不如意的愛情，甚至抱怨天氣的陰晴。就是沒有靜下心來，想想生活的意義是什麼？學會用感恩的心看周圍的一切，快樂就這樣來了。

我曾經讀過這樣一篇文章，一位喜歡抱怨的母親總是片面地看待上門的親戚和客人，她常會對孩子說：「他多小氣啊！來我們家吃飯就送一點點東西。」而一位懂得心存感激的母親會對孩子說：「他這麼遠的路來看我們，還帶禮物給我們，真是對我們太好了。」在兩種心態母親的影響下，你們覺得長大後，哪個孩子會更快樂一些呢？我想自然是後者。

有人提出宗教與企業文化有三個共同點：第一就是感恩。我們要感謝生活，感謝父母，感謝社會，感謝朋友，感謝一切，我們的心也會變得爽朗起來。第二是欣賞。當人與人之間相互欣賞，合作共事就是一件非常自然的事情。第三是虔誠。當我們深懷虔誠的心，有了目標就不會陷入無休止的爭論。成功本來就是夢想中的，一起去做，相信我們的夢想一定能夠實現。

在洛杉磯市郊一所旅館裡，有三個黑人孩子在餐廳的餐桌上埋頭寫著什麼。當經理問他們在做什麼時，老大滿臉幸福地回答說正在寫感謝信。他一副理所當然的神情讓經理滿臉疑惑。

經理愣了一陣後追問道：「寫給誰的？」

「給媽媽！」

經理心中的疑團一個未解一個又生。「為什麼？」

「我們每天都寫，這是我們每日必做的功課。」孩子們高興地回答。

哪有每天都寫感謝信的？真是不可思議！經理湊過去看了一眼他們每人手中的那張紙。老大在紙上寫了八九行字，妹妹寫了五六行，小弟弟只寫了兩三行，再細看其中的內容，卻是諸如「路邊的野花開得真漂亮」、「昨天吃的比薩餅很香」、「昨天媽媽給我講了一個很有意思的故事」之類的簡單句。

經理心頭一震，原來他們寫給媽媽的感謝信不是專門感謝媽媽給他們幫了多大的忙，而是記錄下他們幼小心靈中感覺很幸福的一點一滴。

他們還不知道什麼叫大恩大德，只知道對於每一件美好的事物都應心存感激。因此，上帝安排了幸福與他們同行。

其實感恩是種境界，是種心態，有健康的心理才會擁有它，擁有感恩的心才會感到幸福！

我們不僅要感謝父母，是他們給了我們生命；還要感謝家人，是他們給了我們親情；還要感謝老師，是他們教給了我們知識；還要感謝朋友，是他們給了我們友誼；還要對那些曾經在我們生命裡走過的，或者早已將我們忘卻，甚至是欺騙過我們、傷害過我們的人，由衷地說聲謝謝，因為是他們磨煉了我們的心志。

我們曾經由於各種各樣的理由錯失了幸福，我們不妨帶著寬容、感恩的心再試著找找看。有時候，換個角度看問題，換一種心態面對這個世界，我們會發現，我們的人生原來可以更美好。

簡單是幸福的主旋律

菩提樹仍然靜靜地站在那，揮動著它的枝葉，接受著大自然對它的洗禮，經過上千年的領悟，它已經成為了一個飽經滄桑的智者，完全可以化為靈物以享天倫。

但是，它還在那裡繼續冥想，誰也不知道它在想什麼，或許它已經習慣了這種冥想的生活，它喜歡這種簡單的生活。

「那個尋找幸福的人已經好久沒來這兒了，他現在過得快樂嗎？」菩提樹在冥想中忽然想到了那個需要幫助的人。它抬頭望著遠方那條路，可惜沒看到一個人影。

「或許他已經領悟到了幸福的真諦，如果是這樣，我真為他高興。」菩提樹繼續搖擺著自己的枝葉。

一輪紅日慢慢從東方升起，新的一天來到了，「又一個快樂的一天開始了。」菩提樹伸了伸枝葉高興地說。它很習慣地望了一會兒那個人曾經走過的路，「那兒好像有一個人影，他怎麼顯得那麼疲憊不堪，啊，是那個尋找幸福的人。」菩提樹高興地擺動著樹葉。

那人無精打采地走到菩提樹下，把身子靠在了菩提樹上，他好像很累，滿面疲倦，他用那雙看上去總睡不醒的眼睛看著菩提樹：「我最近很忙，好久沒來看您了，您為什麼總是這麼悠閒自得呢？」

「你最近出什麼事了，不快樂的人，上次的禮物你還滿意嗎？」菩提樹用同情的目光看著他。

那人聽到菩提樹的話，精神一下好了許多，他那疲憊的眼睛也睜開了，「上次的禮物我很滿意，它幫我走出了我那黑夜般的心態，我感覺自己就像換了一個人，對什麼都信心百倍，生活原來如此美好。可是這次我……」他吞吞吐吐地說著，「我又遇上了點麻煩。」

「你說吧！我會盡量幫你的，不要吞吞吐吐的。」菩提樹說道。

「從上次您給我的禮物中，我得出了心態好才能活得好這個道理，可是我感覺心態好像好過了頭，生活中的一切好像都變得複雜了，每天有忙不完的工作，忙不完的應酬，帳單也越來越複雜了，我沒有休閒的時間，沒有時間去陪家人，他們開始慢慢疏遠我了，我受不了這樣的生活……」

「可憐的人，你知道嗎，你把你的生活弄複雜了，生活原本是簡單的，你可以說自己想說的話，想自己想想的事，走自己喜歡的路，不要在意別人怎麼看，只有適合自己的生活才是快樂的，不要被欲望沖昏了頭腦。你還要學會如何在忙裡偷閒，只有這樣，你才不至於看上去這麼疲憊。」菩提樹慢慢說著。

「這就是我送你的第二件禮物，『簡單是幸福的主旋律』。」

1 美好生活源自簡單

簡單，是一種享受，並非全無根據。「簡單些，簡單些，再簡單些。」美國大思想家亨利．大衛．梭羅寫道：「我說讓你們的事像一、二、三那麼簡單，而不是一百、一千。」否則，你得到的不是快樂，而是無盡的困惑。

做簡單的人

做簡單的人，簡單即是快樂，這些觀念似乎與現代人的追求有些格格不入，但這卻是自古及今一些智者的追求，在某種程度上，甚至可以說是一種建立在獨立人格之上的理想主義者的精神境界。

做簡單的人並不是說做一個頭腦簡單的人，或是刻意追求貧乏的人，而是讓我們在面對繁忙時敢於閒一閒，使我們在藍天白雲的簡練中忘卻煩惱，讓我們對自己說：「天下本無事，庸人自擾之。」然後心平氣和地從一大堆瑣事中理出頭緒。

隨著生活水準的提高，人們越來越不簡單了，就連樸實的農民也想超越城市富人的生活，於是煩惱也就隨之越來越多，為什麼會這樣呢？

其原因是我們在鋼筋水泥構築的叢林中穿行，大家經常奔波在路途之上，面對那些金錢和俗利，互相猜疑，斤斤計較，不但忘記了友誼，忘記了親情，還忘記了家庭，甚至忘記了身邊的太陽。

記得有一日，我去逛街，突然聽到幾個像是主管模樣的人驚訝地喊道：「看！好美的夕陽啊！」我聽後感到不可思議，夕陽西下這是每天都有的事情，為什麼他們會這麼興奮？就是因為他們一直在追求不簡單的生活，而忽略了「夕陽西下」。

悲哀的人們確實該醒醒了，生活的目標不僅僅是為了賺到更多的錢，「人只有一輩子，為什麼要賺五輩子的數字？」生活的真諦是要活得好！

要想做簡單的人，首先要學會抓住生活的核心，過一種高效率的生活，而不為生活繁瑣刻板的一面所禁錮。做簡單的人不是對工作敷衍了事，不負責任，而是分清主次，一針見血地深入實質，精益求精。從某種意義上講，做簡單的人正是善於從主體上把握事物的脈絡。

其次，做簡單的人不要太虛偽，不自欺欺人，不故作高深，不在錯綜複雜的關係網中作繭自縛。這就需要真誠，需要坦率，需要求實，需要勇氣，需要不斷捨棄那些心靈的累贅和種種執迷，不去計較個人的得失，以一種博大的心胸去海納一切。

再次，做簡單的人不是變得幼稚，更不是一種退化，而是在經歷人生的風風雨雨後，對生命作更高層次的回歸。做簡單的人並不是要我們頭腦簡單，不做思考，而是要我們洗淨心靈的積垢，保持心靈的簡約與寧靜，不為紛繁所擾。

簡單的人不一定是旁徵博引的哲人，卻能是一個洞悉世界的智者。認識世界不只靠博聞強記和繁瑣的推證，那些熟稔自然、超然頓悟的大師往往是有一顆簡單純樸之心的人。

最後，做簡單的人是一種無所失落的選擇，是對宇宙秩序與人類的深刻理解。因為簡單本身就是捷徑、是輕鬆、是自由。「給我一個支點，我可以撬起地球！」簡單有時就像這位偉大的科學家所說的那樣不可思議。

簡單的才是快樂的

簡單生活的意義在於活得有價值，說自己想說的話，想自己想想的事，走自己喜歡的路，就算別人說自己又如何？生活中常常感嘆自己不幸的人，大多數並不是因為幸運之神從未關照過他，而是因為他的心靈空間塞滿了物欲，無法對已經擁有的一切感到滿足。

每個人都有自己關於幸福的定義。有一位偉大的文學家曾在自己的小說裡這樣理解幸福：「幸福就是與一個簡單的人一起過一種簡單的生活。我們相親相愛，彼此是對方心中最在乎的人。

「雙方都有自己的事業，白天都在自己上班的地方忙碌。傍晚，我們回到位於郊區的小家，共同分享家的溫馨。週六日我們一起去郊遊或者到菜市場與菜販討價還價，準備晚餐。老了以後，大家一起在家下下棋，看看報，早晨一起去晨練，一起和孩子們聊天……」

多麼幸福的生活啊！雲淡風輕，如淡淡的茶，只有品才知道味道，沒有牽愁動恨，也不需要海誓山盟。生活本來就是如此。正因為平淡，所以才真實。那些海枯石爛、驚天動地、煽情催淚的愛情故事，只會出現在電視、電影和文學作品當中。既然是虛擬的東西，本身就與現實生活無關。快樂並非複雜，關鍵看你怎麼對待。

大凡思想複雜的人，是沒法活得輕鬆的；貪名好利的人，心靈是不會自由的。勾心鬥角使人心情沉重，物質的勞役則剝奪心靈的灑脫無羈。活得簡單也就活得自由，少了許多東西，也就少了許多忙碌；少了物質之累，自然也就少了心靈之累。

在美國政治思想史上，梭羅是一位獨特的巨人。他的思想如同他簡單而又獨特的生活方式一樣，在大多數時間中都處於隱遁狀態。梭羅對個人自由近乎迷狂的追求，他對社會生活、對國家政治特有的視角，以及由此所採取的個人行為，成為美國自由傳統不可缺少的一部分，並對世界產生了深刻的影響。

一八三七年，梭羅由哈佛大學畢業後，並沒有像他的同窗那樣去尋奔前程或是瘋狂的掙錢，而是獨自回到了家鄉康科特，在一所私立學校任職。

一八四五年初春的一天，梭羅借來一把斧子，走進康科特附近瓦爾登湖畔的森林砍伐木材，開始營造自己的林中小屋。經過四個月愉悅的勞動，共花費了二八·一二五美元，一間別致的小屋建好了（當時在當地一間最普通的房屋起碼要花費八百美元）。

在一個清風拂面的夏日，他搬進了這間小屋，對於梭羅來說，一種新生活開始了！在這裡他割斷了與社會之間大部分無謂的「塵緣」。用〇·二七美元維持一周的生活費用，在一年中以六個星期的時間，賺取一年的花銷，剩餘的四十六個星期，則做他喜歡的事情。

總之，他以他的行動將聖經上的古訓顛倒了過來，他說人在一個星期中應該用一天時間工作，其餘六天做自己想做的事情，而不是相反。

他漫步、觀察、閱讀、寫作、沉思，全然出自於自我的喜好，無任何社會的所迫。更重要的是，梭羅在大自然的漫遊中，在與大自然如此貼近的生活中，體味到人與自然萬物及內蘊神秘精神的和諧，與自然水乳交融之中感悟到生命的本意，並從中獲得了一種生命昇華的體驗：「最接近萬物乃是創造一切的一股力量！」

他使我們有了思想，「我們可以在清醒的狀態下，歡喜若狂，只要我們心靈有意識的努力，我們就可以高高地超乎任何行為及後果之上，一切好事壞事，就像奔流一樣，從我們身邊經過，我們並不完全是糾纏不清在大自然之內的，我們可以是急流中的一片浮木，也可以是從空中望著下面的因陀羅。」

為此他找到了屬於自己的生活，他是用這樣熱情洋溢的筆調來描寫他的林中生活和感受的：「每一個早晨都是一個愉快的邀請，使得我的生活跟大自然同樣地簡單，也許我可以說，同樣的純潔無瑕。

「我向曙光頂禮，忠誠如同希臘人，我起身很早，在湖中洗滌，這是一個宗教意義的運動，我所做的最好的一件事。在最早的黎明中，我坐著，門窗大開，一隻看不到也想像不到的蚊蟲在我的房中飛，它那微弱的吟聲都能感動我，就像我聽到了宣揚美名的金屬喇叭聲。

「這是荷馬的一首安魂曲，空中的《伊利亞特》和《奧得賽》，歌唱著它的憤怒和漂泊，此中大有宇宙本體之感，宣告著世界的無窮精力與生生不息……」總之，在拋棄塵世，探求與自然接近的體驗中，梭羅向我們展示了他快樂並幸福地生活著。

後來，他提出了一條著名的格言：「簡單些，簡單些，再簡單些！」

如今的繁華，使得我們早已對簡單陌生了，反而為了票子、車子、房子等拚命，有的時候像狗一樣活著，像牛一樣勞累，這難道是世人所說的「活得好」嗎？如果等到年老後才明白這一切是虛幻的，豈不是太殘忍了？

當然，每個人的生活標準不一樣，也不好說這樣的生活方式是不是幸福的。

不過我還是宣導簡單，因為簡單會使精神有一種高尚感，心靈有一種淨化感，靈魂有一種安詳感，身心有一種健康感。

以下是我從其他報導上收集到的現代白領對「簡單」的看法：

張先生，四十五歲，某銀行副行長

我是個喜歡追求簡單生活的人，我對簡單生活的理解有真簡單和偽簡單之分。鄉下人，他們的生活就是真簡單；而有些城裡有錢人過膩了好生活，到鄉下去體驗一下，就是偽簡單。

他們的房子外面是原生態的東西，但可能家裡還是豪華無比，還是有香車美女相伴。他們的這種生活只能算是一種作秀，一種可以被炒作的時尚潮流。

我認為，簡單生活應該是一種心理狀態，而不是簡簡單單地只講物質上的東西。我的簡單生活就是上午吃好，中午吃飽，晚上吃少，更多時間是喜歡和家人一起做個美味料理，然後泡一壺茶，打開體育頻道看看足球比賽，或者上網和朋友聊聊生活，最後才是靜心想想明天的工作。其實我的生活原本就是這樣簡單。

李先生，三十一歲，某公司總裁

我認為過簡單生活一定要有自己的精神基礎，如果沒有內心的寧靜，或者說沒有豐富而充滿活力的精神世界，走到哪裡，都不可能找到純粹的、寧靜的世界。絕對的簡單生活方式有很多不現實的地方，去體驗這種生活的人實際上是在壓抑自己。

任何刻意的生活，都是沒有樂趣的。我理解的簡單生活方式，就是「率性而為」。舒適是原則，我穿衣服不追求名牌，但一定要舒適；我不一定要住別墅，但要住得安心。

我並不排斥物質，精神生活是建立在物質生活之上的，但物質生活不能約束我。我用錢做各種投資，不是為賺錢而賺錢，而是想利用自己的智慧讓自己有基本的生活保障，幫助我去找屬於自己的簡單生活。

王小姐，二十四歲，公務員

有人說簡單就是把電視、電腦、電話等現代設施全部拋棄，我不敢苟同，我覺得那是完全沒有必要的。世界很精彩，電視和網路都可以傳達出對我們有益的資訊，關鍵是自己的心靈要做一種取捨，要很清醒，什麼是自己想要的，有用的東西就去吸取，沒有必要完全排斥。

我所理解的簡單生活，就是保持一種自由的心態，不給自己的物質生活帶來過多負擔。過自己想要的生活，同時只去爭取自己想要的東西，而不是被這個新事物層出不窮的年代，牽著自己的鼻子走。

為太多的事物所誘惑，說不清自己想要什麼，又好像什麼都想要，這樣的生活就無法簡單起來。

以上的說法我都贊成，因為適合自己的才是最簡單的，並非說別人每天吃鹹菜蘿蔔看上去幸福，我也就跟著來；別人腰纏萬貫，生猛海鮮覺得生活有味道，我也這樣做。

其實簡單生活只是一個概念，並非定得很死，任何刻意的生活，都是沒有樂趣的。適合自己的生活方式才是最幸福最簡單的，就好像一條小金魚為什麼可以在魚缸裡活得好一樣，就是因為這個魚缸的大小適合小金魚的生存，人也一樣，要找適合自己生存的「魚缸」。

不能再解釋下去了，我怕越解釋越複雜，關鍵看自己如何對待，不過有一句話還是沒錯的——快樂就是如此簡單。

2 把休閒留住

人生富有戲劇性，對於億萬富豪們來說，「閒」應該是他們最想得到的奢侈品，俗話說：「有錢就沒閒。」就是這個道理；對一些流浪者或是難以解決溫飽的貧困者來說，「閒」卻是他們最不願意接受的東西，因為「有閒哪來的錢」。

上述兩種生活如果可以折中，那將是「活得好」的最佳生活方式。如果你非讓我說出到底是「有錢好還是有閒好」，我可能會這樣答覆：「現代人的生活水準基本上都可以達到溫飽舒適，如果以這個為底線的話，那麼『有錢不如有閒』。」

「這年頭什麼都是假的，有錢才是真的。千好萬好，不如錢好；爹親娘親，不如錢親，有錢就是一切。」每次我聽到朋友這樣發牢騷的時候，我就覺得很可笑。

於是我就這樣反問朋友：「你每星期可以休息一天，其餘的時間都讓你沒日沒夜的工作，然後月薪給你四萬，你願意嗎？」

「一點休閒時間也沒有，要錢還有什麼用？」

「那好，你可以正常工作，正常休息，不過你只能每五年回趟老家看看父母和妻兒，或者每五年帶你的妻子和孩子去旅遊一次，如果你能做到，我們可以拿五萬元來補償你，你願意嗎？」

「什麼？這麼少的時間來陪家人，你是不是想讓我的家庭崩潰，妻離子散？」

每次朋友聽到這兒就會怒形於色，於是只好不再問下去。

道理很簡單，誰也不願意過這種有錢沒閒的日子，當然我說的有點絕對了。叔本華曾經這樣描述：「你在有錢人臉上看到的痛苦和煩惱，絕對不比在窮人臉上看到的少。」

所以，無論你是一位富人還是一位窮人，也不管你是贊成還是反對，休閒，已成為二十一世紀人們生活的入場券，這可是不爭的事實。

隨心所欲練「休閒瑜珈」

休閒，是一種心態的調整，是一種從容和隨意，是一種內心與外界的良性互動，是一種身心負擔得以暫時解脫的美好享受。說白了，休閒就是「以欣然之態，做心愛之事」。

如今的社會正以瘋狂的腳步發展著，人們在快節奏的工作中，難以擺脫生活的煩惱。而當我們一旦以隨心所欲之態，忘卻一切煩惱，去爬山、去郊遊、去賞花、去散步、去喝咖啡、彈一首曲子、下一盤棋、品一壺茶、聊一會天時，就會覺得生活原來如此燦爛。

而今，我們有了周休二日，隨著人們的生活不斷富裕，大家都開始了「休閒」。可是，仍有很多人把「睡覺、看電視、打線上遊戲、逛街」作為主要的休閒活動。

我不敢苟同上述休閒方式，其實我們缺的不是休閒時間，而是休閒文化。如果說待在家裡睡覺、看電視就是單調、沉悶、沒文化，我想很多人將不同意。當然我也承認，排除懶惰、怕麻煩的因素，「錢」和「時間」的確對自己選擇休閒方式有很大影響。

身邊常有朋友、同事為旅行的時間、地點煩惱，在他們看來，好不容易耗時耗錢出去一趟，一定得深思熟慮、計畫周詳，一次出遊，經常因為被賦予太多含義而疲憊不堪。

那麼該如何去休閒？以我自己的想法那就是，無論出遊還是約會，只要合乎我們的興趣、時間、金錢，就OK，用句時髦的話，那就是隨心所欲。這種觀念，在我們的古代文化裡是被藐視的，比如《世說新語》裡那位雪夜起興訪友，半路興盡而歸的王子猷。可惜，他的故事被擱在《任誕篇》裡，何謂任誕，任性放縱，不拘禮法是也，可見，隨心所欲在我們的生活裡還沒被主流化。

在西方就不同，很多人一年要花三分之一的時間和收入，來隨心所欲地去休閒。所以，我建議那些希望活得好的人們，當你們有了休閒興趣的時候，不妨請上幾天假，把所有的工作全部拋在腦後，關掉該死的手機，帶著家人或朋友一起去旅遊、踏青、爬山、聊天等等，只要是隨心所欲的就是最好的休閒。

隨心所欲的休閒就是享受生命，練瑜珈可以使人調息養神，達到強身健體的作用，我們練練「休閒瑜珈」，就是讓我們的生活更加的張弛有度，找到活得好的真諦。

學會忙裡偷閒

在這個日新月異的社會裡，現代人越來越看重自己的身分，既想做主管、做老闆；又要做好孩子、好父母、好丈夫、好妻子。這些來自職場和家庭的不同身分，就像一張無形的網，罩得我們喘不過氣來，一天也不能放鬆。

其實，疲憊了，憂鬱了，煩惱了，為什麼就不能停下來歇一歇呢？在辦公室和家的兩點一線之外，找一處讓心靈暫時出逃的第三地，將人生重負稍放片刻，在那裡虛度一下光陰。出來之後，你也許就會覺得，迎接你的，將是一個生機勃勃的明天！

有人說，時間對每個人來說都是重要的，人活著就要賺錢，這是生存的必要手段。此話不假，但我們也沒有必要做時間的奴隸，金錢的犧牲品！雖然忙和閒是人生中一大對立矛盾，但是一個人不論工作多忙，都應合理地支配屬於自己的時間。

也就是說，忙中有閒，閒中有忙，在忙與閒的交替中，才能完成人生的運轉，如同音樂，高低音相伴，才有希望使生活變成一支動聽的樂曲。

我們真應該好好學學歷史上那些忙裡偷閒，而又能獲得成功的人。

英國前首相邱吉爾，就很會利用空閒時間進行鍛鍊和放鬆，第二次世界大戰期間，在德軍對倫敦進行狂轟濫炸之時，人們驚奇地發現他坐在防空洞裡織毛衣，難怪英國人把他看作是「忙裡偷閒」的典範。

有一次，邱吉爾到北非蒙哥馬利的行轅去閒談時，蒙哥馬利說：「我不喝酒，不抽煙，到晚上十點鐘準時睡覺，所以我現在擁有百分之百的健康。」邱吉爾卻說：「我剛好跟你相反，既抽煙又喝酒，而且從不準時睡覺，但我現在卻擁有百分之兩百的健康。」

很多人都引以為怪，邱吉爾這樣一位身負兩次大戰重任，工作緊張的政治家，生活如此沒有規律，何以壽登大耄，而且還擁有百分之兩百的健康呢？

其實只要稍加留意，就可以知道，他健康的關鍵全在於有恆的鍛鍊，悠閒的心情，既抽煙又喝酒，且不準時睡覺則不足為訓。邱吉爾之所以擁有健康，和他「忙裡偷閒」是分不開的，所以他才能活得好。

比如：他在戰事最緊張的週末依然能去游泳，在選舉戰白熱化的時候依然能去垂釣，剛一下台依然能去畫畫，還有以示悠閒心境的斜叼在嘴角的那支雪茄。因此，在競爭十分激烈的現實生活中，在我們全力以赴面對各種各樣的挑戰時，首先要學會忙裡偷閒。其實，生活中沒有固定的模式可以保證免受壓力。另外，還有許多方法也可以減輕壓力。雖然事情的發展不一定都能控制，但你對它們的反應應該是可以控制的。

生命苦短，歲月難留，既要珍惜時間，也要學會珍惜自己，最好的辦法就是忙裡偷閒。

3 享受平凡，為生活喝彩

「平凡」這個字眼在很多人眼裡看起來的確是太平凡了，而對於那些不平凡的人們卻顯得那麼的珍貴，他們想拋棄一切去追求這兩個字的價值。雖說比爾．

蓋茲富可敵國，但誰敢保證他沒有煩惱，沒有想過平凡生活的打算？

再比如國家的領導者們，他們又何嘗不想過平凡的生活呢？像他們這樣傑出的人，即便想帶著妻兒去旅遊，也會招來眾人簇擁；有的時候，就連想吃點什麼也得聽別人的安排，這就是平凡與不平凡的差異。難道平凡給你帶來的幸福，你還沒有感受到嗎？

或許有人說，平凡的人太平凡了，平凡的幸福也是太平凡了。我不反對這樣的看法，因為人與人的生活方式是不一樣的。能做個享受平凡、安於平凡的人，其實，也是一個不平凡的人。

俗話說：「平平淡淡才是真。」平淡的日子雖然有時會讓人覺得乏味，但卻貫穿著我們生命的始終。幸福的人領悟的是一種樸實的心態，平等的眼光。正是這種領悟，決定了平凡不等同於平常。

它代表了一種拋棄虛榮和浮華的心態。它不驕傲，不張揚。平凡是一種質樸的境界，它確實來自於一種超越。能以平衡的眼光看待事物是一種超越，能平靜細膩地品味挫折與成功也是一種超越。走過了超越，才懂得平凡，人才有了體驗每一件生活小事中蘊藉著的幸福的心境。

在中國，有一位名叫許振超的工人，他是青島港的吊車司機，一個只有初中文憑的橋吊專家，一個一年內就兩次刷新世界集裝箱裝卸紀錄的人。許振超在一個夠普通的崗位——吊車司機；一個夠單調的工作——把貨物從碼頭吊上車、船，或是從車、船吊到碼頭，堅守崗位三十個春秋。

這樣的生活對於他來說簡直平凡得像白開水一樣。然而，三十年來從他堅守的這個普通的操作台上流瀉出的，不是單調的音符，而是一曲曲華美的樂章。那麼你能說平凡的人太平凡，平凡的幸福也太平凡嗎？

清代大文豪金聖歎是一位非常喜歡平凡的人，也是一位處處都能從平凡中得到快樂的人。有一次，他和一位朋友共住，屋外下了十天雨，對坐無聊，他便和朋友一件件說平凡生活中的趣事，一共列出了三十多件「不亦快哉」的事。

比如：獨坐屋中，正為鼠耗可惱，突然出現一貓，疾趨如風，除去了老鼠——不亦快哉！

上街見兩個酸秀才爭吵，又滿口「之乎者也」，讓人煩惱。這時來一壯夫，振威一喝，爭吵立刻化解——不亦快哉！

夏天早起，見有人在松棚下鋸大竹作筒用——不亦快哉！

冬夜飲酒，覺得天轉冷，推窗一看，雪大如手——不亦快哉！

推窗放蜂去——不亦快哉！

還債畢——不亦快哉！

讀唐人傳奇《虯髯客傳》（一部俠客小說）——不亦快哉！

在金聖歎眼裡，平凡的生活到處充滿著快樂。雖然他的「快哉」是一種斷想偶思式的，不大連續，但又不難看出其中的一根主線——快感均來自於日常生活的場景，他以一種悠閒自得的心情，觀賞著春花秋月，體味著生活的每一絲細微的波瀾，每一陣觸動心靈的顫抖，並從中去感悟快樂。

另外還有這樣一則故事：

在一個既髒又亂的候車室裡，靠門的座位上坐著一位面帶疲憊的老人，身上的塵土及鞋子上的汙泥表明他走了很多的路。列車進站，開始驗票了，老人不急不忙地站起來，準備往驗票口走。

忽然，候車室外走來一個胖太太，她提著一個很大的箱子，顯然也是趕這班列車，可箱子太重，累得她呼呼直喘。胖太太看到了那個老人，朝他大喊：「喂，老頭，你幫我提一下箱子，我一會給你小費。」那個老人想都沒想，拎過箱子就和胖太太朝驗票口走去。

他們剛剛驗票上車，火車就啟動了。胖太太抹了一把汗，慶幸地說：「還真多虧你，不然我就趕不上了。」說著，她掏出一美元遞給那個老人，老人微笑地接過。

這時，列車長走了過來：「洛克菲勒先生，你好，歡迎你乘坐本次列車，請問我能為你做點什麼嗎？」

「謝謝，不用了，我只是剛剛做了一個為期三天的徒步旅行，現在我要回紐約總部。」老人客氣地回答。

「什麼？洛克菲勒！」胖太太驚叫起來，「上帝，我竟讓著名的石油大王洛克菲勒先生給我提箱子，還給了他一美元小費，我這是在幹什麼啊！」她忙向洛克菲勒道歉，並誠惶誠恐地請洛克菲勒把那一美元小費退給她。

「太太，妳不必道歉，妳根本也沒有做錯什麼。」洛克菲勒微笑地說道：「這一美元，是我掙的，所以我收下了。」說著，洛克菲勒把那一美元鄭重地放在了口袋裡，臉上露出了幸福的笑容。

真正的大人物，是那種身在高位仍然懂得如何去做平常人的人，真正的大人物，從來都是和平常人站在一起的人，因為他們渴望平凡，只有平凡的生活才能得到最真的幸福。

保持一顆純潔、簡單的童心

聽到過這樣一個幽默笑話：飛機上，空中小姐問一個小女孩說：「為什麼飛機飛這麼高，也不會撞到星星？」小女孩回答說：「我知道，因為星星會『閃』啊！」我記得，當時我的心情原本是很鬱悶的，聽完這個笑話，我竟然會心地一笑。我想，如果每個人，無論在何時、何地，都能保持一顆純潔、簡單的童心，那麼就不會有那麼多的憂愁和煩惱了！

童心既是真善美的容器，也是真善美本身，更是活得好的一顆心。在勾心鬥角、誠信嚴重缺失的社會，童心最難得，也最可貴。

我這裡所說的童心、童趣，是完全真實的未加雕琢的童心，而不是一張經過化裝的「娃娃臉」；是一種發自內心的完全純粹的童趣，而不是一副故意用疊字扮成的「少兒腔」。

不管你是風華正茂的青年，如日中天的中年，還是夕陽遲暮的老年，只要做到「人老心不老」，保持一顆善良、純樸、簡單的童心，為自己創造一片寧靜純潔的心靈空間，讓孩子的童真感染你、同化你、改造你，就能延緩你的心的蒼老，你的人生就會有無盡的歡聲和笑語！

著名的書畫家、散文家豐子愷先生說：「一個人，活得單純不容易，活得像孩子一樣就更不容易。」他說孩子就是他生活和創作的老師。

在國民黨打進上海趕走孫傳方時，豐先生領著一家人在城裡逃難。槍炮聲一響，他們先是逃到了婦孺救濟會，覺得不安全，又逃到了滬江大學。歷經兩天，平安回家。

後來，豐先生隨意問四歲小兒子瞻瞻最喜歡什麼？不想孩子爽直地回答：逃難！為啥呢？因為可以坐汽車、採花、臥草、在黃浦江邊看大輪船……這些活動，在孩子們眼裡，不正等於郊遊嗎？若讓大人也像孩子一樣輕鬆地欣賞這一切，非是大預言家不可，方能料定前路並無險阻。

誰也不是預言家，可是豐先生卻能從這簡單的日常瑣事中體會到：至少，再到逃難時，在沒有確證有危險要降臨的時候，可以不那麼悽惶度日。

豐先生閒時看著兒女們天真爛漫的笑臉，常做這樣的癡想：「小孩子長到十歲左右，若無病痛的死去，那麼豈不是完成了一次既有意義和價值，又充滿幸福和歡樂的人生嗎？」

他當然不是在詛咒兒女。浮世顛倒，人生困頓，他是在用最決絕的方式，在想像中，為兒女們留住「童年的天堂」。

豐先生曾說：「我企慕這種孩子們的生活的天真，我豔羨這種孩子們的世界的廣大，或者有人笑我故意向未來未煉的孩子們的空想世界中找尋荒唐者的烏托邦，以為逃避現實之所，但我也可笑他們的屈服於現實，忘卻人類的本性。」

豐先生的一生就像天上飄過的一道微風那樣平淡而又樸實，這樣的人生難道不是美麗的人生嗎？今天，年輕人初涉世，常會困惑：是以單純面對社會複雜，還是也將自己變得複雜起來，去迎合這個社會，去追尋這個社會？

我想，對此糾纏不休的人，大多就應該過豐子愷式的生活；而那些很快不再作如此思忖的人，卻早已投身塵流，物欲滿懷，爾虞我詐，撈金劫銀去了。清貧、潔白、樸素、簡單，這也許聽起來有點不合時宜，但最終的生活會讓你相信，平靜的日子，純淨的心，簡單的心情，一樣可以創造豐盈快樂的人生。

誠然，在物欲橫流的世界，燈紅酒綠，紙醉金迷。人與人之間很難再有真誠地交流和傾訴，取而代之的是猜疑和妒嫉。在成年人的眼中，再沒有靜謐純潔的海洋，海水被人類製造的無法處理的汙穢染得渾濁晦暗，人與人之間變得紛亂而陰冷。

我們無法在現實世界裡解讀艱澀、剖析人性，如同《海底總動員》裡膽小的Marlin一樣，成熟的記憶裡有太多醜惡，於是封閉心靈，永遠對模糊的陰影心存戒意，不再相信互助，甚至不敢向陌生人問路……

看完了《海底總動員》之後，我覺得我最喜歡Dory。因為Dory很健忘，自己一分鐘前說的話都記不住，所以下一分鐘永遠是美好的，因為她的記憶裡不存在恐懼。

我不知道，Dory 是不是讓你想到童年？那就像是我們可以在半分鐘裡從號啕大哭到破涕為笑的年齡，那是昨天拳腳相加的死敵，今天就可以一起玩耍的年齡，那是動機永遠單純、行動永遠幼稚、理想永遠完美得不切實際的年齡。

看到 Dory 在鯊魚的利齒前逗趣、在水母劇毒的觸鬚間嬉鬧、被吞食到鯨魚的腹腔中依然自顧自的念她的「鯨語」，我笑了，我發誓我的笑聲裡絕對沒有絲毫譏諷嘲笑的意思——那是我在向自己的童年微笑，向那個即使在黑暗的深淵裡也充滿陽光的聲音致敬。

讓我們找回童心，並不是要我們重新變得輕率和迷糊。放棄了敵意，是溫暖；敞開了心扉，是關懷；忘記了傷害，是友愛。Marlin 與 Dory 的旅程，恰如一個成年人與他的童心做伴，從排斥、指責、衝突到相依共鳴、難以割捨。

藍色的大海並非樂土，但找回童心的 Marlin，也就找回了 Dory，找回了愛，找回了一切……在伴隨著銀幕上的精靈們一同歡笑唏噓了一百分鐘後，尋回的童真是如此的明朗溫馨，以至於觀眾們竟流連於被燈光照亮的銀幕前不肯離去，生恐驚擾了這難得一覓的心靈洗禮。

成人的世界充滿了煩惱，如果我們沒有童年和那童年美麗的故事，我們的生命中就缺失了最單純、最透明的快樂。找回童心，重新漫步童心世界，它就是一個讓你重新透明，永保幸福的地方！

5 遠離喧囂，感受平靜

「我喜歡錢，因為它幫我解決了生存問題；我恨錢，因為它奪走了我的平靜生活。如果我可以重新選擇生活的話，我願意，願意拿出一半甚至全部家產換取一個平靜而又幸福的生活……」這是一個鼎鼎有名的大富豪所說過的話。

很多人聽後都很疑惑，為什麼有錢人過慣了燈紅酒綠、紙醉金迷的生活後，才突然想起了過平靜的生活？為什麼生在平靜、感受幸福之中的人們卻想過香車寶馬，一擲千金的日子？這或許就是人們經常說的「一山看著一山高」的心理。

那麼到底哪個生活方式才能活得好？我想能直接說清楚這個道理的人並不

多，不過有一點是很正確的，從平靜到喧鬧是很容易的，從喧鬧到平靜卻是很多人難以做到的。

我希望所有願意活得好的人們，從現在開始不妨試著遠離喧囂，充分享受一下平靜給我們帶來的新感覺。

平靜的才是最真的

前不久，我收到一封大學同學給我的郵件，看完後我才知道平靜的生活是多麼的寶貴、多麼的幸福，希望它也能讓你從中得到平靜的感悟。

好久不見了，過得還好吧？還是那麼忙嗎？別把我這個好朋友忘了啊！下面我講講我的生活吧！

我現在生活在美麗的花蓮，娶了個不算漂亮但還體貼的妻子，有一個九個月大的寶寶。嘿嘿！有機會到我這兒玩。雖然房子小，但它在一個較安靜的海邊，已經足夠我們住的了。

房子不貴，但是風景宜人，空氣清新，離我和妻子的公司都特別近，省了若干交通費。早上起來，我們慢悠悠地做早點，然後出去散個步，呼吸一下新鮮空氣，做個簡單的運動，妻子再化個精緻的妝，然後兩個人一起手牽手去上班。哈哈，羨慕吧！

我們的工作很平常，工資不高也不低，足以應付日常所需，還能少有節餘。我們都不是很貪心的人，只要衣食無憂就可以了。豪宅名車皮草鑽石，那不是我們所追求的，只有平靜的生活才是我們願意追尋的。

對於工作，我們沒有什麼野心，盡自己努力去做，無愧於心就好。我覺得我們很難賺到億萬家產，也難以平步政壇，我們天資有限，又不肯為了工作犧牲健康，更不想採取非常手段，於是我們早早地選擇了平靜。

我們並非無志向，我們最大的志向就是熱愛生活。偶爾跟幾個要好的朋友小聚一下，淺酌幾杯，暢談一回，就是人生最大樂事了。

春天一家人到美麗的廣場或者花園去散散步，放放風箏。夏天到海裡遊游泳，玩個沙灘排球什麼的。秋天徒步走走濱海路，爬爬山。冬天待在家裡看看書，吃吃火鍋。這就是我們的平靜生活。那些浮華和喧囂，那些「現代」的娛樂方式，不是我們所喜愛和追求的。

我們不追求名牌，適合就是最好的；不喜歡跟別人比較，只要有平靜生活就比什麼都好。我們想要的是舒服、自然、真實。我們的生活是簡單、平淡又快樂的。我們最大的願望，就是一輩子一直這樣過下去，到了七老八十，還身體健康，心情愉快，一起牽著手，到海邊去看日出。

人世間有太多的紛擾，太多的誘惑。想堅持自己的主張，過自己的生活，很難。因為難，才更覺得珍貴。我們會努力堅持下去。

我們不羨慕別人的豪華，也不貶低別人的清苦。每個人都有自己的生活，也都有自己的快樂。

還是那句老話，有時間來找我玩，「世上的金錢太多了」，最重要的是你，因為在你的生命裡，你是主宰者，不是奴隸。

看完朋友的來信，我才真正明白平靜的可貴、真實。是啊！每個人都是主宰自己命運的神，失去了自我，那麼世界對你也就不存在了，更何況票子、車子、房子？人就這一輩子，你喜歡怎麼生活，是該考慮的時候了。

學會鬧中取靜

有人說：「寧靜是一種境界，寧靜不聲不響，卻具有一種偉大的力量，它最大的好處是超然。」也有人對此說法不以為然，認為在人生的舞台上，要想寧靜地生活，那是書呆子的囈語。

畢竟世人已超過六十億，人口越來越稠密；車流、人流不停息，風雲驟起；鬧聲車聲麻將聲，聲聲入耳；歌廳舞廳宴會廳，廳廳都有吸引力；熙熙攘攘，哪找寧靜綠草地？

的確，當今世界是非常熱鬧的，這已經是一個神都歎息的事實。大家成天穿梭於鋼筋水泥的叢林當中，人欲洶洶，錢欲滾滾，在物質異化了的世界波濤中行船，自然煩惱頻生，不絕於心。長此下去，不僅影響學業的長進和事業的成功，重要的是活得很累。

當然，你若想從世間找到「絕靜」的桃花源，那簡直是癡心妄想。正如莎士比亞所講：「世界大舞台，人類是俳優。」然而，我們又不能成為喧囂的俘虜，不能成為輕薄的浮躁者，否則，將會虛度一生。

雖然現代人想了不少辦法，如旅遊、度假、休閒，到公園去，到保護區去，但也只是甯熄一時心火，吐納一時清新，只治標不治本。如何在鬧中取靜，於嘈雜中真正做到「心靜自然涼」呢？

1. 學會自我靜心

人生活在物欲橫流的世界裡，心真是如古詩所言：「樹欲靜而風不止。」心平即是持戒。因為心平了自然可明心見性，言行舉止能圓融無礙，自然有度。

有人耐不住寂寞，白天忙得要死，晚上也不願獨處歇息，上酒吧、去卡拉OK、按摩。還美其名曰：放鬆。殊不知這叫火中取栗。即便我們不可能像古人那樣「獨釣寒江雪」，「采菊冬籬下」、「結廬在人境，而無車馬喧」，但我們完全可以像魯迅先生那樣，「破帽遮顏過鬧市」，「躲進小樓成一統，管他春夏與秋冬」。

2. 依戒而止

意思是說讓七情六欲得到平衡。社會上許多人誤以為「清心寡欲」只是佛門之事，是近乎殘忍的貶義詞，其實，在西方社會，越來越多的有識之士接受了東方養生觀，中國禪文化觀。

對於年輕人來說制怒是生活中修行第一大事。佛語說：「火燒功德林。」怒火一把，頃刻間把什麼人際關係、功德之類，化為灰燼。我想我們應時刻把梁實秋先生的一句話作為口頭禪：「我不生氣。」

對於酒色財氣，陝西一長壽老人吳雲清說：「酒色財氣四堵牆，世人都在牆裡藏；有人能跳牆外去，不是神仙也壽長。」

由此可見，「鬧」並不可怕，關鍵是自己能否從中「取靜」，只要我們能夠自覺地抵禦外界的干擾，就能在五光十色的生活中，在形形色色的誘惑面前，恬靜地進行學習和生活。

人生就應該是多彩的，「鬧」與「靜」都是不可缺少的生活內容。當然，最好是一方面享有生動、活躍、熱鬧的生活情趣，一方面又具有恬淡、寧靜和沉思的機會，並把兩者結合起來，使自己的人生更富有「韻味」和「詩意」。

6 讓帳單不再複雜

「沒錢我也要貸款去買房子」，「沒錢我也要貸款去買車子」，「沒錢我也要貸款去買……」，如今像這樣的貸款買車、買房的口號越來越響，以至於我們不想聽到都不容易。結果弄得是每月都要為了還貸款而疲憊不堪，自己只好像驢一樣為了這些「享受」，沒日沒夜地去拚命，難道這樣「貸」來的日子能夠過得好嗎？

我有個朋友有一份很不錯的工作，在多數人心目中算是高收入族群，但讓人跌破眼鏡的是，即使收入高，還是過著「月光族」的貧窮日子。

在買房子之前，他的生活過得的確很滋潤，花錢不手軟，吃飯、消費基本不看價錢，就這樣工作幾年後，他就買了部車子代步，從此晉升為有車一族。可自從開始貸款買房之後，他的生活品質就開始一落千丈，每天都要承擔巨大的精神壓力。

為了盡快還完貸款，他把煙酒都戒了，夜生活也逐漸降低了頻率，能不去就不去。最令我朋友頭疼的是，三十多歲的人了還沒有交上女朋友，再者，誰會喜歡一個月入五萬元卻還算計著花錢的小氣男人呢？最近他的母親需要一筆不少的手術費，他一時也拿不出這麼多錢，他母親也十分生氣。

生活的逼迫，他不得不賣掉自己的車子。而且常常告誡他的同事們：「讓帳單不再複雜才是最開心的。」

讓自己的帳單簡單化，也是取得幸福的方法之一。

輕鬆的過，快樂的活

夜靜悄悄的，整個大地都沉靜下來，仿佛已經開始做起了自己那甜美的夢。只有一棵蒼老的樹還在那發出沙沙的聲響，那就是這棵菩提樹。它還沒有進入夢鄉，它睡不著，它還在想那個不幸福的人。

怎樣才能使他的生活更幸福呢？它站在那深深地思考著，希望能從思緒中得到一個更好的答案。也不知過了多久，菩提樹忽然晃動了一下樹幹，好像找到了答案，可是沒過多久又陷入了沉思。

「菩提樹！菩提樹！」一陣興奮的叫喊聲，打破了整個夜幕，驚醒了正在沉思的菩提樹，它很快地低下頭：「這麼晚了，是誰在叫我，哦！原來是你。這麼晚還能見到你，我真高興。」菩提樹看著這個曾經不快樂的人。

「我們好久沒見了，不快樂的人，你看上去好像很高興。」菩提樹用它那富有磁性的聲音問道。

「我最近過得挺好，我剛參加了一個宴會，正準備回家，順便來看看您，我要謝謝您送我的那兩件禮物，我最近快樂多了。很抱歉！我的家人還在家等我，我得走了，下次再聊吧！」那人說完就匆匆走了。

「謝謝你來看我，路上要小心。」菩提樹揮動著葉子說，「希望你能夠永遠這麼幸福下去。」

菩提樹看著那人遠去的背影，心裡好高興，慢慢的它也融進了靜靜的黑夜中。

時間過得真快，轉眼又一個月過去了。

它好像聽見又有人在樹下哀歎，「是誰在歎氣？」菩提樹輕輕問道。

「是我，那個尋找幸福的人。」那人生氣地說。

「你怎麼了，你不是最近過得挺好嗎？」菩提樹關切地問著。

「不好，我發現自己總生氣，動不動就和家人吵起來，我太太還說我缺乏幽默感，您知道嗎！我最近還做虧了一筆生意，讓我損失很嚴重，我身邊所有的人都在躲著我，怕我向他們借錢。這到底為什麼，為什麼幸福剛來，就匆匆地走了呢？」這個人用憤怒的語氣說著。

菩提樹沒有像往常那樣直接告訴他原因，而是先讓他平靜一會兒，才慢慢地說：「可憐的人，你怎麼忘記了快樂！快樂能夠以苦為樂，雖不能避免痛苦卻能夠快速地調整狀態，快樂地接受痛苦的人生體驗。

「快樂地善待他人，快樂地珍愛自己，快樂地迎接挑戰。你應該用微笑迎接每一天，而且還應該有能夠『拋棄』的態度，你必須接受『失去』，錢財只是身外之物，學會怎樣鬆開手，只要你捨得放棄，快樂就在你身邊。這是我送你的第三件禮物，『輕鬆的過，快樂的活。』」

1 快樂是一種責任

人生在世，快樂也活，不快樂也活，那我們為什麼不快樂地生活呢？前蘇聯作家高爾基說：「當生活是一種快樂，生命就是喜悅；當生活成了責任，生命就是奴隸。」如果把快樂與責任擺放在一起，便成了：快樂是一種責任。

「人生本來一場戲，因為快樂才相聚」。倘若生活中充滿了沉重、悲哀的因素，那麼這樣的人生肯定是沒有意義的。因此，快樂就是我們人生中的一大責任和義務！不僅是自己對生命應負的責任，更應該是一種對親人、對社會的責任！如果不盡這一責任和義務，不僅我們的人生會殘缺，而且會對他人造成傷害。

古希臘有一位大哲學家對人很好，見到每個人都笑咪咪的，他的學生總是不解地問他：「老師，為什麼你總是面帶笑容？」他的回答一直是：「我捨不得自己不快樂，這也是我的責任呀！」

提起責任，這個詞好像離我們越來越遙遠。你必須為自己負責任，為自己的快樂負責任。只有明白什麼是自己的快樂，才能得到快樂。如果你放棄了責任，那就說明你同時也交出了自己快樂的鑰匙。

快樂的真諦

活得好，其實有千千百百種理由。有的人以為錢是最偉大的動力之一，彷彿有了錢什麼都好說，沒有錢什麼都不是。「有錢能使鬼推磨」這句話成了人們最大的迷思，把錢的魅力無限上綱。於是千方百計賺錢，待腰纏萬貫之後，卻感到除了錢之外自己一無所有，並沒有得到什麼快樂。

有人認為有權就有快樂，於是挖空心思要官位，待官位到手之後，卻感到當官很苦很累，與快樂無緣；有人認為出名便是快樂，於是想方設法搶頭牌、爭待遇、出風頭，找名人提攜，攀龍附鳳，待真有點名氣之後，卻覺得做名人難，感受不到什麼快樂。

原來，快樂與一個人金錢的多少、官位的高低、名氣的大小，並沒有什麼必然的聯繫。快樂不需要財富來支援，也不需要靠官位來提攜，也無須以名氣為後盾。那麼快樂真的是那樣神秘得不可捉摸嗎？

其實，快樂是一個人的感覺，是一個瞬間的愜意，是乍暖還寒時陽春白雪的景象；是春滿大地時，和紅杏一齊鬧春，和百花一齊爭豔；是幸福的雀躍，是競爭的興奮，是故友重逢的歡欣……

快樂是一個工具，即便我們無法把握人生長短，但卻可以調節人生的亮度——高品質的人生。所以，無論你的人生有多大的壓力，有多少不順心之事，請你不要說：「我真累，我真煩。」也請你不要對柴米油鹽的平凡生活厭倦而說：「活著真沒意思。」這裡，有一個如何對待生活的問題，也有一個如何調整自己心態的問題。

快樂是一種感覺，也是一種境界。要想活得好，就要以快樂當成自己的責任來對待，首先要學會不斷地修練自己的性格，寬容、忠恕、隱忍、豁達、浪漫、幽默等等，有助於建立快樂養成的自我陶冶，都是我們應該潛心琢磨的。

快樂能夠以苦為樂，雖不能避免痛苦卻能夠快速地調整狀態，快樂地接受痛苦等等帶來的人生體驗。快樂地善待他人，快樂地珍愛自己，快樂地面對責任，快樂地迎接挑戰。

快樂的人最聰明

一個快樂的人不一定是最富有、最有權勢的，但卻一定是最聰明的。他的聰明就在於懂得如何享受人生，那就是：太陽不是追求升起落下，而是為了光明與燦爛。

常有人說：「人比人得死，貨比貨得扔。」我完全贊同該說法。我覺得人是社會裡的一個元素，你不可能不與他人發生聯繫，也不可能不拿自己的境遇和別人做比較，問題的關鍵不在於比較與否，而在於如何比較。

快樂的人從來都不比人有己無的，而是比人無己有的，就像相聲裡所說的：「我從不和喬丹比籃球，而是比下象棋；我也從不和比爾．蓋茲比財富，而是比簡單。」有人說這樣的比法有點像魯迅筆下的阿Q，但如果這樣做能使你保持一顆樂觀而又懂得享受平凡的心，只要能夠快樂，能夠活得好，像阿Q又有什麼不妥？

總比那些喜歡和別人比房子的大小、車子的貴賤、錢財的多寡、權力的強弱等，最終把自己推向痛苦深淵，什麼也沒有得到的人好得多，畢竟我們總算履行了一個做人的基本責任——快樂。

為什麼說快樂的人最聰明？根本的原因是因為他們懂得熱愛自己、熱愛生活。我們可以想像，一個整天為了計較財產多寡而忘記快樂的人，肯定也是一個不熱愛自己、不熱愛生活的人，這樣的人怎麼會得到幸福？

相反，一個懂得快樂、自愛與自尊的人，才真的可以始終如一、義無反顧地熱愛與自己相關的一切，包括家人、朋友、兒童、花草乃至小松鼠。

從生理學的角度來看，長期保持快樂的人，他的性格、健康也會受到積極的影響。更重要的是快樂是對自己負責，也是對他人的一種寬容。一個與自己過不去的人，是很難放過別人的，一個人心理上的傷疤是很容易映射到人際關係中的。

說到底，快樂是一種心態，而這種心態會產生一種力量，一種改變命運、獲得幸福的力量。往往是，如果一個人決心獲得某種幸福，那麼他就能得到這種幸福，這就是心態產生的力量。快樂是聰明人的專利，從今天起讓我們輕鬆快樂地生活吧！

2 習慣快樂其實很簡單

快樂是一種習慣，習慣快樂其實很簡單。做過保險的人應該知道，一般新從業的保險業務員首先接觸的培訓，就是面對挫折的心態，樂觀的心情，逼迫自己學會快樂，否則你將受不了別人的拒絕和打擊。

一般那些特別有能力的老業務員，必定也是一個快樂高手，因為他們早已習慣了客戶的拒絕，也知道自暴自棄無用，只好強迫自己快樂，這樣使他們早已習慣了快樂。

曾經有一家著名的保險公司為了能雇用一些表現更好、更穩定的業務員，便找了一位心理學家出謀劃策。

然而，這位心理學家並沒有想出好的解決方法，於是便請來自己的好朋友湯姆森——美國聯邦保險公司的首席業務員幫忙，並提出共進晚餐的邀請，湯姆森接受了。

在晚餐中，湯姆森突然發現香味撲鼻的比薩上有一個黑點，仔細一看，是一隻蒼蠅，當時湯姆森的第一個反應是：還好！屍體還很完整。

於是湯姆森請老闆過來，用很愉快的語氣告訴他：「老闆，比薩很好吃。」

老闆：「哪裡，哪裡，先生您過獎了。」

「真的很好吃，你看這裡，連蒼蠅都要來分一杯羹。」

老闆一看，果真有一隻喪生於美味上的蒼蠅，二話不說，立即換上一塊剛剛做好的比薩，也是店中最貴的比薩，並附贈一杯飲料。

當時，這位心理學家就覺得湯姆森很奇怪，碰到這麼倒楣的事，一般人都已經快食不下嚥了，湯姆森竟還能心平氣和的跟老闆開玩笑，一副樂在其中的樣子。事實上，湯姆森的快樂是來自於工作，因為他早已習慣了快樂！

湯姆森這樣給心理學家解釋：「蒼蠅本來就在比薩裡面，我只要去吃這比薩，就只有三種可能：1.沒發現，直接將蒼蠅吃到肚子裡；2.吃掉半隻蒼蠅以後才發現；3.還未鑄成大錯前就發現。

「我是何其幸運碰到第三種最佳狀態，又可以讓我只花一份錢，卻吃了兩個比薩，還賺了一杯飲料，當然快樂得不得了。」

心理學家聽完湯姆森的話後，大呼「有辦法了」，好像發現了新大陸一樣。第二天，心理學家對保險公司老闆說，只要那些能夠面對別人反復的拒絕仍能保持樂觀的人，這種能力在成功的推銷中是最重要的因素。

這位心理學家斷定，在他的「樂觀尺度」上得分高的新業務員，最初兩年的業績將高於其他同事40％以上。

這位老闆接受了他的建議，以「樂觀尺度」的得分為基準，雇用了一批新業務員，這個特殊的「樂觀小組」在正常的篩選過程中都不及格，但其第一年的業績卻比通過「正常篩選」而樂觀程度稍遜的同事高出20％多，在第二年裡更是高出幾乎60％。

埃莉諾·羅斯福也是一個很好的例子。年輕時代的埃莉諾相貌平平，自己一度也很自卑，很憂鬱。但富蘭克林·羅斯福卻不這樣看。在他看來，埃莉諾是個非常有內涵的女孩，也有著獨特的氣質。

具有魔法般語言能力的富蘭克林的話深深打動了埃莉諾，從此她便試著把自己看作一個與眾不同、身心開朗的女子。漸漸地，她身上快樂的一面蓋住了憂鬱的一面，自信的光芒遮住了自卑的視窗，經過「心理整型」的她，很快便釋放出驚人的能量來，成為了美國歷史上最有氣質、最有才華、對社會生活也最有影響的第一夫人之一。

很多心理學家都建議人們有時不妨假裝快樂、假裝幸福、假裝外貌出眾，這樣去做的人大都改變了心境，改善了業績，也隨之改變了命運。就像有白晝必然有黑夜一樣，一種公平的生活必然不會永遠給你陽光，許多時候，問題不是出在命運上，而是出在心態上，出在你看問題的方式與對待問題的態度上。

彼得·韓德先生現任卡內基公司總裁及首席執行官。卡內基公司是勵志培訓界中的先驅，在全世界八十五個國家有一百六十個分支機構。除此之外，彼得先生還是數家大公司的董事，作為一個培訓別人怎樣獲得成功與幸福的專業機構的總裁，他是怎樣獲得成功與幸福的呢？讓我們一起聽聽這位 CEO 講述的自己是怎樣獲得成功與幸福的故事。

什麼才是幸福，也許每個人的答案都不一樣。

彼得先生通過一個故事講了他對幸福的理解。他說他在五歲時因為生病去看醫生，當時病痛使他很難受，醫生當時問他，你最想要的是什麼，彼得先生對醫生說，我想要快樂，醫生說，那你快樂就是了，結果他真的很快樂。

所以彼得先生說，有許多人想追求幸福，也有許多人問他，怎樣才能盡快地獲得幸福。他認為，這要先看你對幸福的定義是什麼？你的幸福定義若是家庭和諧，那你就應想辦法跟家庭成員更多地溝通，為此付出更多的時間，並在提升家庭成員的和諧之中，也提升自己處理家庭問題的能力。

彼得先生說：「我對幸福的定義是快樂，我不會做我不喜歡的事和不喜歡的工作。中國的一句俗語說『人在屋簷下，不得不低頭』，我不喜歡那樣的境況，我也不會那樣做。由於我認為快樂就是幸福，所以說，我在五歲時就已經很幸福了。」

斯賓諾莎說得好：「快樂不是美德的報酬，而是美德本身。」從某種意義上說，快樂本身就是一種道德，一種對自己的道德，也是一種對他人的道德。從本質上說，快樂是一種心理習慣，是一種無條件的心理感受。

一般說來，養成快樂的習慣，你就會變成一個主人而不再是一個奴隸，正如史蒂文生所言：「快樂的習慣使一個人不受——至少在很大程度上不受——外在條件的支配。」主人和奴隸，哪個更有力量，這就要看你是否能夠習慣快樂。

3 訓練自己不生氣

人的一生，應該是快樂的一生。人活在世上，大概沒有幾個人願意在憂愁苦悶中輾轉。視快樂為首要的精神享受是天經地義的，同時也是無可非議的。快樂即健康，快樂即幸福，悲觀的人雖生猶死，樂觀的人永生不老。

然而在日常生活中，我們常常看到有人快樂，有人愛生氣，其實外在的世界並沒有什麼不同，這主要是人們對快樂的理解不同所致。

俗話說：「人氣人，氣死人。」此話不假，看過《三國演義》的人，都會記得雄才大略的周瑜是怎麼死的，是被諸葛亮氣死的。說來可笑，但在現實生活中，這種人還真不少，他們動不動就生氣發怒、動肝火，或給人以惡性刺激，這對生活乃至生命是極為有害的。

從前有個人出於嫉恨和誤解，惡罵釋加牟尼，罵得很凶，整個人被怒火燒炙著。

釋加牟尼平靜地閉著眼打著坐，沒理他。

那人最後罵累了，就喘著氣問：「你為什麼不說話？」

釋加牟尼緩慢地睜開眼問：「如果你送別人一份禮物，別人不接受，這份禮物在誰手裡？」

那人不假思索地說：「當然還在我手裡啊！」

釋加牟尼又說：「你剛才怒罵我一通，我聽而不聞，你那怒氣不還是回到你自己身上嗎？」

「氣大傷身啊！」釋加牟尼最後語重心長地說。

康德曾經說過：「生氣，是拿別人的錯誤懲罰自己。」心理學研究告訴我們，生氣是一種不好的情緒，是一種消極的失常的心境，猶如一把殺人的刀，會把一個人從心靈上和身體上徹底毀掉。

醫學研究又告訴我們，如果這種感情勢能超過了人體的承受限度，就會對人體的神經系統、心血管系統、內分泌系統等造成損害，甚至會導致疾病。

正如《黃帝內經》所云：「百病生於氣也，怒則氣上，喜則氣緩，悲則氣消，恐則氣下。」可見，生氣有百害而無一利。生氣這種不良的情緒亦有盲目與自覺之分。感情的自覺需要理性的指導，否則會盲目地導致心態失衡，易於使心頭燒起無名之火。

有的人是因別人的過錯而生氣。那何必呢？有的人一想起一些往事就生氣，甚至越想越生氣，而在旁人看來，那只不過是雞毛蒜皮的瑣事而已。須知「怒氣是昨天理智之燈的一陣風」，它會給自己的心頭帶來不易消失的陰影。

醫學心理學家發現，人在生氣發怒後，常使免疫機能下降，抗病能力降低，各種病原微生物乘虛而入。情緒經常抑鬱者易患胃癌；情緒經常失望、悲觀、憂傷者易患子宮頸癌；情感釋放經常受到限制的人易患肺癌；經常焦慮的人易患乳腺癌。

因此專家建議：為了防治癌症、做到健康長壽，人們要保持良好的心境、樂觀的情緒、豁達的胸懷，不論遇到什麼樣的惡性刺激，不管什麼情況下，都要用理智來控制自己，神定自若，悠悠自得，鼓足勇氣，戰勝困難，千萬不要遇事生氣發怒，或給人以惡性刺激。

如果你想快樂，不想生病的話，請你學會不生氣。那麼怎麼才能做到不生氣？首先要加強自己的思想修養，培養自己的忍力、耐力和毅力。人當失意之時，易生悶氣，甚至心如刀絞。此時如能氣量寬宏，平心靜氣，不生憤恨之心，不起榮辱之念，心中悶氣就會化為烏有。

同時還可以採用一些適當方法將心中悶氣釋放出來，如與知心親友談談心，一吐為快；或爬爬山，登樓遠眺，想必就會產生像范仲淹所描述的感覺一樣：「登斯樓也，則有心曠神怡，寵辱皆忘，把酒臨風，其喜洋洋者矣。」或口中哼幾支自己喜愛的歌曲，讓煩惱和氣悶化為烏有。

另外，再教你幾個如何訓練自己不生氣的高招：

1.學會說「無所謂」。設想以前發怒之事，利用鏡子對自己扮個鬼臉，說聲「無所謂」。

2.發生不順心的事，遇到誤解後，採用心理放鬆的方式，做個深呼吸。

3.試試推遲動怒的時間，每一次比上一次多推遲幾秒，久而久之，可自我控制。

4.請你信賴的人幫助你，讓他們每當看見你動怒時，便提醒你。

5.寫日記，每當你生氣的時候不妨記下時間、地點、事件，持之以恆可達到自我控制。

6.要自愛，提醒自己即使別人做的事情如何不好，發怒首先傷害自己的身體。

7.每當要動怒時，花幾分鐘想想你的感覺和對方的感覺。

8.當你不生氣時，同那些經常讓你受氣的人談談心，互相指出容易引起動怒的言行。

9.遇到挫折時，不屈服於挫折，迎接挑戰就沒有空閒發怒了。

10.自我解嘲，每當遊戲、比賽輸了就說是有意讓的。

以上十種方法是很靈的，當你再生氣的時候，你可以試試，或者這樣想想：我願意傷害自己嗎？我願意得病嗎？不想的話，就讓這些氣消了吧！

今天你笑了嗎？

有位哲人說得好：「大笑比一切哲學偉大，有人對生命大笑時，他就懂得了生命。」笑是治療疾病最好的方法之一，也是最簡單的方法之一，更是幸福生活中不可缺少的元素之一。因此，要想活得好，你有什麼理由不笑呢？

中國有句諺語叫：「笑一笑，十年少。」同樣英國也有句諺語：「一副好的面孔就是一封介紹信。」笑是上帝賜給人的專利，笑是一種令人愉悅的表情。面對一個微笑著的人，你會感到他的自信與友好，同時這種自信和友好也會感染你，使你油然而生出自信和友好來，這可能就是笑帶來的親和力。

笑是一種含意深遠的肢體語言，笑是在說：「你好，朋友！我喜歡你，我願意見到你，和你在一起我感到愉快。」笑可以鼓勵自己的信心，笑也可以融化人與人之間的矛盾。

其實，幸福與笑臉本來就是兄弟，是幸福締造了笑臉，是笑臉延續了幸福，但這並不意味著沒有幸福就會與笑臉絕緣。事實上，與幸福之後相比，幸福之前擁有笑臉是件很難的事情，而且也更加重要。

一個在逆境中還懂得欣賞花之美麗的民族，是有希望的民族；一個在苦難中懂得笑的民族也是有希望的民族。然而，現在人們臉上的笑容越來越少，人們住在更大的房子裡，吃著更豐盛的晚餐，使用著更高級的現代產品，但是發出更少的笑聲。是時候了，大家欲望少一點點，腳步慢一點點，每天多笑一點點，難道這樣不好嗎？

笑，就像吃飯睡覺一樣，不應該也不能夠減少。笑是一個人的權利，沒有人剝奪你的笑容，所以自己要對自己的笑容負責，有的時候需要採用一些「強顏歡笑」的措施。

而且笑也是一種治療疾病的最好方法之一。很多人覺得「笑用來治療疾病」的方法聽起來好像是不可能的，但越來越多的醫生對這種新的治療方法寄予莫大的希望。

例如德國科隆大學醫院已經採用笑療治病，尤其是用這種方法給小孩治療。在美國和英國，醫療保險公司已經承擔採用笑療法的費用，在採用笑療法時，有意識地通過動畫片、喜劇甚至通過小丑讓病人放聲大笑。採用這種療法取得的結果令人驚異。

例如，美國的免疫學專家伯克，在剛剛看完一部滑稽電影的笑療法試驗人員中發現，他們血液中的殺傷細菌和抗體的物質數量增加，也就是說，消滅體內病毒和細菌的物質增加了。

笑能增強人的幸福感，會消除削弱防禦能力的壞情緒。這也許是笑療法為什麼在治療與精神有關的疾病，如偏頭痛、哮喘、男子性生活障礙和神經性皮炎時，能夠取得好效果的原因之一。笑往往是對擺脫緊張、恐懼或憂慮做出的反應，發出笑聲的人會感到輕鬆。

心理學家認為，一個人老是想像自己進入某種情境，感受某種情緒，結果這種情緒十之八九真會到來。一個故意裝作憤怒的實驗者，由於投入「角色」的影響，他的心率和體溫也會上升。

心理研究的這個發現可以幫助我們有效地擺脫壞心情，其辦法就是「心臨美境」。在異彩紛呈的世界裡，人們難免會激動、發怒和心情不快樂，關鍵是發怒時要盡量保持理智，並不斷提高個人的修養和克制能力，培養良好的性格，盡量保持情緒穩定，假裝有某種好心情，往往能幫助我們真的獲得這種「美境」感受。

當然，笑要真笑，要盡量多想快樂的事情，更重要的是笑容會影響我們體內的生化反應，使流入人腦的血液增加，吸入更多的氧氣，使大腦思維變得更加活躍，結果心情自然就好起來了。

還有研究表明一百到兩百次「開懷大笑」，如同划十分鐘船一樣使你的身體受益。笑會增加你的血液循環，使你的心臟得到鍛鍊，為你的肺提供氧氣，刺激你的大腦，活躍你的免疫系統，抑制產生壓力的激素。

那麼怎麼來訓練自己的笑容更加多地綻放，更加有益於我們的身體健康呢？我想下面幾個技巧或許正是你想找到如何「笑」的訣竅：

1.多和愛笑的人在一起。歡樂是能夠共用的，笑是有感染力的。和一個樂觀幽默愛笑的人待在一起，心情自然會被「感染」，情緒輕鬆而愉快。

2.多和天真的孩童在一起。兒童的天真無邪、頑皮活潑，使你深感到生活的天性之美。

3.開一份快樂清單，記下每天令你開心的事。

4.拍一些滑稽可笑的照片，把你和朋友做鬼臉的表情拍攝下來，把照片放在錢包裡，感到壓力大的時候拿出來看一看，笑一笑。

5.多看喜劇影片。

6.創造一個令你歡笑的空間，把你喜歡的卡通人物、圖片剪下來貼到冰箱上。還可以把你最喜歡的漫畫書放在最方便拿到的地方。

7.嘗試一下誇張法。為淡化某一糟糕的境遇，你可在心中極力對該境遇進行誇張，使它在你的想像中不成比例而變得滑稽可笑。

正如英國哲學家羅素所說：「笑是最便宜的靈丹妙藥，是一種萬能藥。」我們還猶豫什麼？還不拿起最有效、又最廉價的「笑」藥來治療自己！

由此可見，笑對一個人來說是多麼的重要。人生在世，我們都應當笑對人生。平凡的生活中，一抹微笑就是一道陽光，當我們在一個個長夜裡反思白天的得失時，或許我們最應當問自己的一句話就是——今天你笑了沒有？

5 讓幽默叩開快樂的大門

一個幽默的人，往往是快樂高手；一個幽默的人，不僅能給別人帶來立竿見影的快樂，而且通常是一種智慧的象徵：是對人類與世界缺陷的洞悉，笑過之後讓人深思。所以，這種快樂絕不膚淺。

一個想活得好的人，應該具備三種笑：一是能夠給自己帶來笑；二是能夠經得住別人笑；三是能夠給別人帶來笑。這三種笑，都與幽默密切相關。

快樂的關鍵因素之一是：把「幽默」注入你的內心，使自己盡量快樂，努力使之成為個人的獨有特質。「幽默」是一種積極的生活態度。《洛杉磯時報》專欄作家傑克·史密斯說：「幽默是一種看待萬事萬物都顯得『新奇有趣』的生活態度。」

幽默更是一種心智成熟的最佳表現。「幽默」的好處多多，主要有下列幾項：

1. 降低緊張，製造輕鬆、無負擔的氣氛。
2. 消除疲勞，使人頓覺輕鬆、愉快。
3. 使人際交往更加和諧。
4. 化危機為轉機，突破困境、反敗為勝。

你會發現，有幽默感的人往往能從平凡小事中發現有趣、光明的一面，或是從最壞的情況下得到最大的滿足感。沒有「幽默感」的人，總是對人與事物無動於衷、後知後覺，並使自己或環境陷入「一潭死水，毫無生氣，甚至枯燥到無以復加」的境地。

以幽治憂

幽默，就是風趣巧妙地思考和表述問題。幽默是一種智慧，幽默是一種藝術。最重要的是幽默還能化解精神上的重負，還會很抒情地把自己的痛苦與快樂各盡其表。

李漁的《閒情偶記》中有這樣的故事：兩個男人被蚊子肆虐，應對之法一苦一樂，一個很痛苦地問：「我苦，汝樂，其故為何？」一個笑吟吟地回答：「記得曾為仇家所陷，身系獄中，獄卒防予逃逸，每夜拘攣手足，時蚊蚋之繁，倍於今夕。以昔較今，是以但見其樂，不知其苦。」

李漁在這兒並非只提倡阿Q療法，提供止怨釋尤之策，而是在故事之後視作前車，以弭後患。這是一種幽默之法，既要不傷自身，又取制伏之計。

倘若你僅僅以幽默回避災禍，那就真的成了阿Q了，如果當你以幽默化解憂傷之後，又能積極地面對困難，並積極地反省，那才能叫做「以幽治憂」。

有句格言說得好：「幽默是生活波濤中的救生圈。」幽默，可令心頭的愁雲化為烏有，可將胸中的抑鬱一掃而光。幽默者的生活愉快而充實，同時也會受到他人的歡迎和喜愛。

幽默也是治療疾病的一味靈丹妙藥。全美幽默療法協會經過長期認真的研究，得出結論：幽默有助於正在接受治療的病人盡快恢復健康。

營養學家巴里·比特曼是該協會的主要成員之一，一直致力於情感對免疫系統所發生的作用的研究。他指出，目前已有充分的證據證明「幽默神經學」對病人的康復能起重要作用。

假如病人能以積極的態度和樂觀的狀態，對待自己康復階段的生活，或者在康復過程中結合大笑或其他積極的態度和方式，那麼病人就一定能盡快恢復健康。

為此，很多專家們建議醫院為病人建造「幽默推車」，設置「幽默病房」，給病人放映有趣的電影，提供幽默書，甚至為病人準備一些引人發笑的玩具。

可見幽默對人的生理和心理、精神和行為，都起著良好的作用。「笑一笑，十年少；愁一愁，白了頭」說的就是這個道理。

幽默的人必然樂觀，樂觀的人往往幽默。幽默樂觀的人，能將生活點染得絢麗多彩，並為創建更加美好的生活而不斷奉獻。

幽默可以營造和諧的氣氛

法國哲學家伏爾泰是一個人見人愛的幽默高手。一七二七年英法戰爭期間，伏爾泰恰巧正在英國旅行。誰知道英國人竟不分青紅皂白，把當代的大哲學家伏爾泰抓住了。

「把他絞死！快點把他絞死！」英國人怒氣衝衝地大叫。

伏爾泰被抓起來送往絞刑台上時，他的英國朋友紛紛趕來替他解圍。他們緊張而又急切地喊道：「你們不能將他處死，伏爾泰先生只是個學者，他從不參與政治！」

「不行，法國人就該死！把他吊死。」那些群眾還是不停地怒罵著。

在雙方爭執不下的時候，伏爾泰舉起了雙手，悄聲地說：「可不可以讓我這個將死之人說幾句心裡話？」

全場突然安靜了下來。

伏爾泰對群眾深深鞠了個躬，清了清嗓門，說道：「各位英國朋友！你們要懲罰我，就是因為我是法國人。以各位的聰明才智，不難發現，我生為法國人，卻不能生為高貴的英國人，難道對我的懲罰還不夠嗎？」

說完，英國人全都哈哈大笑了起來。這番詼諧幽默竟讓伏爾泰死裡逃生，他被當場釋放了。

伏爾泰深諳「自我嘲笑、自我謙抑」的技巧，不僅化解了英國人對他的敵意，更促進了彼此「和諧、歡樂」的氣氛。

在生活中，我們都曾有過大大小小的煩惱，這些煩惱往往使我們的心理失去平衡，或滿腹牢騷，或悶悶不樂，或大發雷霆……此時，我們最需要的是一股均衡或者振奮的力量，那就是「幽默感」。因為有幽默感的人不僅可以使自己擺脫尷尬，也能發現人生樂趣之所在。

幽默可以化解尷尬

《晏子春秋》記載，晏子出使楚國，因他身材矮小，楚人想羞辱他，事先在大門旁邊開了個小門，讓晏子進去。晏子說：「使狗國者從狗門入，今臣使楚，不當從此門入。」楚人只得讓晏子從大門進去。

還有一次，晏子出使楚國，楚王設宴招待他。席間，按照楚王與臣屬的預謀，兩個差役捆綁著一個人走上前，說這人是齊國人，犯了偷盜罪。楚王遂問晏子：「齊國人善於偷盜嗎？」

晏子說：「我聽說，橘樹生長在淮河以南，就是橘樹；生長在淮河以北，就成了枳樹。橘樹和枳樹只是葉子相像，果實的味道卻不同，這是由於水土差異造成的。」

「今民生長於齊不盜，入楚則盜，則無（莫非）楚之水土使民善盜耶？」楚王無話可答，落了個自討沒趣。

從以上兩則故事可以看到，正是幽默的智慧，使晏子從容、有力地回擊了挑釁、挫敗了對手，維護了齊國的尊嚴。

英國首相邱吉爾是一位集政治家、文學家、演說家於一身的傳奇人物，除了擁有「頑強不屈、毅力驚人」的性格外，在他的一生中也充滿了「機智」和「幽默」。

一九四一年，他就任首相不久，為了瞭解美國的外交政策，他親自赴美會見羅斯福總統。

在邱吉爾抵美的第二天一大早，羅斯福來拜訪住在白宮客房的邱吉爾。正巧，邱吉爾剛剛洗完澡，全身赤裸裸地走出浴室。羅斯福一看情況不對，立即困窘地要轉頭離去。

此時，邱吉爾叫住了羅斯福，神情自若地對他說：「你看！英國首相對美國總統的『坦誠相見』，是絕對沒有任何一絲隱瞞啊！」

羅斯福頻頻點頭，笑著說：「你說得好！你說得好！」

邱吉爾通過機智幽默，當場化解了雙方的尷尬，而且一語雙關，充分表達了英國人對美國人的那份坦誠以待的尊敬和誠意。

邱吉爾的「一語雙關」可謂恰如其分，活脫脫地表達出對人及事的看法，除了使人們「不禁莞爾」或「哈哈大笑」以外，更是「機智人生」的呈現啊！

另外，還有一則關於邱吉爾的趣事：話說名劇作家蕭伯納有一齣新劇上演，打算邀請邱吉爾前往觀看，於是，他命人送了兩張入場券給邱吉爾，並且在票券背後附上一句話：「歡迎您和朋友一起來觀賞……如果您還有朋友的話！」

邱吉爾接到入場券後，立刻回了一句話：「謝謝你的入場券。不過，我今晚實在抽不出空來，明天我會邀請朋友一起出席，如果閣下的這齣劇能夠上演到明天的話！」

有時候，「幽默感」可以使人感到心情愉悅，舒坦無比；有時候，「幽默感」還可以向對方「人格帶刺」的一面給予痛擊。

6 善待生命，快樂就在你身邊

我們不得不承認，在日常生活當中確實存在著很多煩惱，甚至是痛苦。對於悲觀者來說，他們在生活當中只能看到痛苦，而找不到快樂；對於積極的人來說，痛苦就是快樂，沒有痛苦就不知道快樂的滋味，也不知道人生的樂趣。所以「痛並快樂著」便是積極者的口號。

在西方流傳這樣一個哲理故事：

有一個十八歲的小姑娘，叫喬．安娜。由於她生在一個貧窮的家庭，從小就不得不經常幫父母做家務，所以每次父母叫她幫忙做家務的時候，她就一萬個不樂意；到了她快要嫁人的時候，更是讓人發愁，因為自己相貌平平，再加上家境情況，沒有人願意娶她。就這樣，安娜天天愁眉苦臉，總覺得自己失去了人生的樂趣。

有一天，安娜走到一條大河前，看見滔滔的江水，忽然萌發了一個念頭：為了早日脫離痛苦，不如早早結束生命。正當她要跳的時候，忽然，上帝出現了，急忙拉住了她說：「安娜，我知道妳的情況。為了解決妳的痛苦，我有一件非常奇妙的禮物想送給妳。」

安娜興奮地問：「是什麼東西呀？」

上帝拿出一個圓形的銀盒，答道：「這是一個奇妙的寶盒。它很神奇！這裡面有一條金絲代表時間，當妳覺得不快樂時，只要把金絲抽一下，不快樂的時光便會立即溜走。不過，妳不能把金絲再拉回去，如果妳這樣做，便會死去；當妳把金絲全部抽完，妳也會死去。」

安娜高興極了，「非常謝謝你，我會好好保管使用它的！」說完便從上帝手中接過銀盒金絲，小心翼翼地收入懷裡。

安娜回到家後害怕給別人看見，但又懷疑這個寶物是否真那麼神奇，迫不及待要試用它。正好她母親又叫她幫忙做家務，她看著自己為了家務而操勞的雙手變得如此粗糙，心裡恨透了。於是偷偷地伸手入懷裡，輕輕地抽出一小段金絲。神奇的事情發生了，母親突然叫她不用來幫忙了，已經做完了。安娜非常高興，這才相信了這個小盒子。

從那天開始，每當安娜遇到不愉快的事情時，都會把金絲輕輕一抽，不愉快的事便會在一剎那間消失。

一天，安娜看到湖水裡自己的倒影說：「我的相貌太醜了，怪不得沒有人來追求我。哎！為什麼上帝讓我這麼痛苦？我真想……」安娜突然眼前一亮，想到用小盒子把自己變得漂亮並嫁給一個富有的小夥子。

於是安娜把金絲抽出比平時要長的一段，安娜立即變成了一個非常漂亮的姑娘，並如願以償地嫁給了一個本地既富有又帥氣的小夥子。

安娜把自己的父母接到了新家，生活發生了翻天覆地的變化。

好景不長，他們的國家和別國開戰，安娜的丈夫被徵召去當兵，家境也一點點的衰落。這是安娜不願意看到的，她非常害怕丈夫會戰死沙場。

「咦——我可以用我的寶貝來使戰爭結束。」於是安娜又把金絲抽出長長的一段。一下子，一群好戰的軍人被打垮了，至於那些在戰事中贏了的，此時都已經年老了。

她的丈夫雖然未受任何傷，但是也老了許多。

一年一晃便過去了，她順利地產下一名男嬰。就在眾人歡呼鼓掌的一刻，安娜忽然發覺自己的母親老態漸露。她心裡有一絲的難過，但很快就被歡樂的氣氛沖淡了。兩年之後，安娜的小兒子出生了，但不久就生病，無法入睡。安娜見小兒子如此痛苦，愛子心切，又把銀盒內的金絲輕輕一抽，小兒子馬上康復了。

正當安娜滿意於自己的傑作時，她忽然發現自己的丈夫蒼老了許多，母親更是老態龍鍾。此時，她告誡自己，不可動不動就使用金絲，否則時光立刻消失不能倒流。

有一天她的丈夫因為勞作生了重病，眼看就要死去。安娜猶豫著，卻擔心自己會因金絲全部抽出而死去。但她實在不忍心看丈夫受苦，最終還是小心地把金絲抽出了一點，她的丈夫便康復了。

不久之後，安娜的母親因為年老體弱，得了重病，安娜想起了自己的金絲，心想抽出一段，母親便可以像丈夫和兒子一樣復原過來。但是當她用手一抽，母親便把眼睛閉上，永遠不再張開了。

母親的逝世給安娜的衝擊很大，她非常地困擾和痛苦。

「為什麼生命是如此的短促、冷酷、無情？為什麼我的人生永遠都是痛苦的？我為什麼沒有快樂？」安娜痛苦地說。

她想要靜下來，於是返回從前那個湖邊，發現一切景致和初次來訪時幾乎是一模一樣。不過安娜現在也年老力衰，沒走多久便已覺得疲倦，於是坐下來休息，不一會兒就睡著了。就在這個時候，那位送她銀盒金絲的上帝突然出現，他問安娜：「這個法寶是不是很好用呢？妳應該找到了快樂吧？」

安娜回答：「你還說它好用！我這一生充滿了痛苦。」

上帝不高興地說：「我給妳天下最好的禮物，妳卻一點也不欣賞它、珍惜它！」

安娜說：「我的母親死了，丈夫也衰老了。你還說不是在害我！」上帝見安娜一臉的痛苦，怒氣漸消道：「我想這樣好了，妳把銀盒金絲還給我，我答應幫妳完成一個心願，好不好？」

安娜毫不猶豫地說：「好！我希望能回到最初第一次遇見你的時候。銀盒金絲我不要了。」上帝點頭微笑著，把銀盒金絲收回去。

此時安娜突然聽見母親的聲音：「安娜，妳還不快起來，快點幫我做家務。」

安娜睜開眼，發現自己正睡在自己的床上，「原來是一場夢！不過，幸好是夢。我以後一定要好好珍惜生命時光，只有善待生活，快樂才會在我身邊！」於是一下子爬了起來，望著陽光，高興地笑了。

人生就是這樣，有高潮也有低谷。假設我們沒有了生活的痛苦，我們也就感受不到快樂的意義。所以，善待生活，快樂就在你身邊。

把健康留住

又是一個明媚的早晨，小鳥在樹枝上鳴叫，露珠折射的光芒在周圍的草地上閃耀。一個晨練的人來到了菩提樹下。

「這不是尋找幸福的人嗎？哈哈，我的朋友，在這個時候見到你真讓我開心。」菩提樹在明媚的陽光裡問候著許久不見的朋友。

「能在這麼好的天氣裡和您聊天是再好不過了，真希望每天都能這樣，可是您知道我現在事業已經進入正軌，忙得很。如果不是妻子認為我最近有點發胖，逼著我今天出來慢跑，我想我現在已經開始工作了。」他一邊說一邊坐在了樹下。

「其實每天早晨出來慢跑一個小時對你的身體很好的。」菩提樹若有所思地說，「真希望每天早晨都能見到你。」

「我也是這麼想的，可我如果不想丟掉到手的幸福，我就得繼續努力，像上次您說的那樣，得不到的和已經失去的我不會在意了，呵呵，真謝謝您，我最近十分開心了。

「但我還會努力的，讓我的家人和我永遠沉浸在幸福中，所以我沒有時間浪費在這些地方。」說著他已經起身拍打塵土要回去了，「再見，您下次見到我的時候我會更開心更幸福的。」

「朋友，不必著急，你總為了幸福而奔忙，這沒錯，可是有一件東西卻是幸福不可或缺的。」菩提樹一邊用枝葉逗弄著小鳥一邊說，「如果鳥兒的嗓子壞了，翅膀斷了，哪怕牠可以安享吃不完的食物，哪怕我可以為牠遮風擋雨，我想牠也不會快樂，牠的快樂是在空中飛翔，牠的幸福是在林間鳴叫，這一切的基礎是什麼？」

「健康！」這個人脫口而出。「可是……」

「對，就是健康，健康的身體，健康的心態，都是得到幸福必備的條件。想想，如果你現在生病了，那你得到的那些幸福對你還有意義嗎？健康是根本，追求幸福不能本末倒置。」

這時菩提樹上的小鳥展翅飛上了藍天，享受著無拘無束的樂趣。這個人望著飛翔的小鳥陷入了沉思，累了就席地而坐靠在樹旁，直到夕陽把他的臉映紅，直到鳥兒歸巢。最後他和菩提樹告別了。

菩提樹不知道這個尋找幸福的人，是否領悟到了健康與幸福的關係。第二天，那個人沒有出現，第三天還是沒有，第四天，天還沒亮就下起小雨，「看來這個小夥子是不會來了。」

菩提樹透過晨霧向遠處眺望。「真可惜……」菩提樹的話還沒說完，一個跑動的身影從迷霧中過來，菩提樹望著逐漸清晰的身影，開心地笑了起來。樹葉簌簌抖動驚動了熟睡的鳥兒，振落了點點的雨滴。

在以後的日子裡，每天早晨伴著朝陽，和著鳥鳴，這個身影都會出現在這裡，為了獲得健康，為了追求幸福！

1 存錢不如存健康

如今的資訊時代確實讓我們的生活大放異彩，但也讓所有的人們感受到了生活的壓力。有的人為了掙錢義無反顧，他們以在銀行存款的數字而驕傲，恨不得把全世界的錢都裝進自己的存摺裡，最終落了一個「前三十年用命換錢，後三十年用錢換命」的下場。

孰不知，錢可以用健康換取，而健康可不是用錢就可以買來的。於是，當他們如夢初醒發現健康的寶貴時，才不得不用自己的年輕所得再次換回健康，在金錢與健康之間來回奔波，豈不可悲？

雖然「抓住機遇、迎接挑戰」已經成為每個人立足社會的座右銘，但我們也不能忽略自身健康。你可曾想到，沒有健康，哪來的才幹和事業，幸福生活又從何來？瞭解健康知識，瞭解自己，呵護自己，獲得一個強壯的身體，才能為工作和生活提供強有力的保證。

做人難，做健康的人更難，做健康快樂又會享受生活的都市人難上加難。也許，榮華富貴讓我們忘記生活的本來面貌，也許一時的得意會讓我們有瞬間的迷失，但無論如何，健康永遠是人的第一財富，是一切財富儲蓄的基礎，也是人世間一切美好的事情、一切傑出的成就、一切歡樂和幸福的支撐點。

在人生中，健康是「1」，財富、名譽、地位等等統統是「0」即便你失去一個「0」，只要你還有健康存在，那麼你就可以繼續為自己添加更多的「0」；假設你失去了「1」，那你就等於失去了一切。

因此，你存什麼都不如先為自己存個「1」，添「0」的機會多得是。

對於大多數人來說，如果要在存健康與存錢之間做一個選擇，我相信都會先選擇健康。我們都知道，人的欲望是永遠滿足不了的，特別是在大城市，表現得更加明顯：有的人沒工作想工作，工資拿了三萬還想要五萬，甚至更多；有人沒房，想租房，租上了房子又想買房子，買了房子又想買大房……

人的欲望就是一個無底洞，何時才能把它填滿？如果真如古人所說「欲壑難填」的話，我們何不早早罷手，真正去關注自己的健康問題呢？

很多人對如何擁有健康各執一詞，有人說：「就是我們太重視健康了，所以才要趁年輕的時候多賺點錢，等老了後才能幸福。」有人卻說：「健康太重要了，所以我要努力賺錢，把身體養得好好的。」

說來說去他們都是在掩蓋錢可以買健康的偽事實，他們覺得最重要的是錢，因為沒錢什麼都沒有，連吃飯都成問題，還顧什麼身體健康？

於是，社會上就出現了「壯年養老」一族。他們為了防老養老，想方設法地賺錢積蓄，有的不顧身體健康，結果透支了生命，本來是想壯年賺錢，老來享用，沒想到到老後卻把錢上繳給了醫院。存了錢而沒儲蓄健康，最終是有錢也無福享。

再者，生命只有一次，犯得著要拚命用一輩子的健康，換取三輩子都花不完的「紙」嗎？健康才是人生最大的財富，其他東西都是無法相比的。因此，存錢不如存健康，花錢不如買健康。有了健康，我們才能有資格去享受人生中的樂趣。

所以，我們寧願要健康的身體，不願要錦衣玉食；寧願親自到曠野摘花，不願在病床上接受親朋好友送來的花束。只要勤勞、開朗、合理飲食，照樣使自己活得健康結實，活得更好。

健康不是人生的目的，但健康總是在有意無意地指導著我們生活的每一天，用青春賭明天，用健康賭明天，即使賭贏了，要是沒有了健康，那才是輸得徹底，輸得乾乾淨淨。

所以，我們無須富甲一方，也沒必要有一份非常體面的工作，也許我們現在還在四處漂泊，也許我們面臨的是一次又一次的失敗，也許……我們都無須太介意，因為只要我們還健康快樂地活著就是一種幸福！

相信健康，走近健康，幸福才是永恆的。

2 健康睡眠

「健康來自睡眠」，是醫學研究人員根據近年來對睡眠研究的最新結果所提出的新觀點。我們都知道，我們的一生有⅓時間是在睡眠中度過的，五天不睡眠人就會死去，可見睡眠是人必不可少的生理需要。而且好的睡眠習慣對消除疲勞、祛除疾病、增強智能、保證健康，有十分重要的意義。

因此，國際精神衛生組織於二〇〇一年發起了一項全球性的活動——將每年的三月二十一日定為「世界睡眠日」。「世界睡眠日」範圍遍及全球六十多個國家，其目的就是要引起人們對睡眠重要性和睡眠品質的關注。

科學研究證明，隨著生活節奏的加快，很多人都在爭分奪秒地工作著，掠奪著睡眠的時間，透支著生命。這樣的睡眠習慣很不利於身體健康。

如果長期睡眠不足會帶來一系列的機體損害，包括思考能力減退、警覺力與判斷力下降、免疫功能低下、內分泌紊亂、肥胖症、高血壓、胃潰瘍甚至心理疾病等困擾人們身體健康的疾病，都有可能襲來。如果你想活得健康的話，就必須從養成健康睡眠的習慣開始。

健康的睡眠因人而異

有人認為一夜要睡足八小時才行。其實睡覺時間多少是因人而異的。有人要睡八～九小時，才有充沛的精力，有的人卻只需睡五～六小時就夠了。據說拿破崙每夜只睡五小時就夠了，而德國詩人歌德有時竟連續睡二十四小時。

還有人說，睡前不要吃喝東西，這也是不完全正確的。據實驗證明，睡前喝點牛奶，可以睡得更香甜。更有人提出如果你少睡了幾小時，就要在第二天補睡幾小時，才能恢復精力，這也是沒有根據的。有人連續幾天沒睡覺，只要熟睡一整夜，就可補足幾天的少睡時間了，這都是不科學的。

那麼到底一個人一天二十四小時內應該睡多長時間才有助於健康的需要？這個問題不僅一直是人們最關心的問題，也是眾多的科研人員有待解決的問題。其實，這個睡眠時間很難硬性地制定，據有關資料介紹和人們的具體實際情況看，只不過是大概而言。

有一項百萬人的問卷調查發現，成年人每天睡眠時間在七～九小時範圍內者占絕大多數，約為80%。另一項八百人的調查結果為，平均睡眠時間為八．五小時。實際當中還有一些長睡眠者，他們一天的睡眠時間要在十～十一小時，但這種情況僅占總人數的1%～2%。世上也有個別短睡眠者，他們每天只睡三～五小時，即能保持旺盛的精力。

法國歷史上那位科西嘉島出身、曾威震世界的人物拿破崙，一天只睡三個多小時，通常晚上十一點上床睡到凌晨二點，起床後在辦公室工作到清晨五點，然後再睡個短覺到七點。

這位小個子法國皇帝異常活躍，幾乎是一刻也不能安靜，總是精力充沛地工作著，拿破崙工作效率極高，他有一句口頭禪：「在我的字典裡沒有不可能這個詞。」

總而言之，睡眠時間是因人而異的，並無法制定一個絕對時間，但平常人每天的睡眠時間可以參考八小時左右這個基本睡眠時間值。

養成健康睡眠的習慣

健康睡眠，最重要的是不要隨意打亂生物鐘的運行規律，如什麼時間睡覺，什麼時間起床，都應有固定的習慣，不要輕易改變。即使睡眠不夠，也要按時起床。身體機能會自動調節以補足前晚睡眠的不足部分，昨晚沒睡夠，今晚就能熟睡，反而能享受到高品質的睡眠。

為了保持一個健康的睡眠習慣，首先我們要不斷改變睡眠的種種不良習慣，做到九個不要：

1. 不要亮著燈睡覺。人睡覺時雖然閉眼睛，但燈光仍然會被人體所感知。
2. 睡前不要做激烈運動。
3. 睡前不要飲用濃茶、酒精濃度高的飲料。

4.睡前不要看驚險偵探之類的書籍、電影、電視。

5.不要戴錶睡覺。這不僅會縮短手錶的使用壽命，更不利於健康。因為手錶特別是夜光錶有鐳輻射，量雖極微，但專家認為，長時間的積累可導致不良後果。

6.不要戴假牙睡覺。一些人習慣戴著假牙睡覺，往往睡夢中不慎將假牙吞入食道，假牙的鐵鉤可能會刺破食道旁的主動脈，引起大出血甚至危及生命。因此，戴假牙的人臨睡前最好取下假牙清洗乾淨，既有利於口腔衛生，又可安全入眠。

7.不要帶手機睡覺。有的人為了通話方便，晚上睡覺時將手機放在頭邊。有專家指出，各種電子設備，如電視、冰箱、手機等在使用和操作過程中，都有大量不同波長和頻率的電磁波釋放出來，形成一種電子霧，影響人的神經系統和生理功能，雖然釋放量極微，但不可不防。

8.不要帶妝睡覺。有些女性，她們往往在睡覺前懶得卸妝。這樣帶著殘妝豔容睡覺，會堵塞肌膚毛孔，造成汗液分泌障礙，妨礙細胞呼吸，長時間下去還會誘發粉刺，損傷容顏。

9.不要穿胸罩睡覺。女人穿胸罩是為了展示美或保護乳房，而晚上穿著胸罩入睡的人是不健康的。美國夏威夷研究所通過調查五千多位女性發現，每天穿胸罩超過十二個小時的女人，罹患乳腺癌的可能性，比短時間穿或根本不穿的人高出二十倍以上。

其次，養成最佳的睡眠姿勢與方向，睡眠的姿勢應當以有利於入睡、睡得自然舒適為準。古今很多醫學家都認為以右側臥位為好。這主要是由人的生理結構推演而來的。

人的心臟位於胸腔左側，胃腸道的開口都在右側，肝臟也位於右側。如果右側臥的話，就可以減輕心臟的壓力，心臟的壓力小了，就有利於血液搏出，增加胃、肝等器官的供血流量，從而有利於食物的消化吸收和人體的新陳代謝。

當然，雖然右側位是最佳臥姿，但也要因人而異。比如嬰幼兒，就不宜長期一個姿勢睡覺；對於一些疾病患者，也不能機械地強求右側臥位。方向最好是使人體保持和地球磁場的磁力線平行，也就是南北向。

最後，養成開窗睡眠的好習慣，使空氣流通，有利於健康睡眠，但開窗時要注意不要讓風直接吹身體，特別是頭部。還要注意不輕易服用安眠藥，可睡前喝杯熱牛奶，因牛奶含有色氨酸有輕度的催眠作用。

3 午休：健康小衛士

社會競爭的激烈，生活節奏的加快，使得很多人埋頭工作，無暇顧及午休。其實，經過了一個上午的工作和學習，人體能量消耗較多，午飯後小睡一會兒能夠有效補償人體腦力、體力方面的消耗，對於健康是大有裨益的。

歷史上有許多名人有午睡的習慣，愛因斯坦就認為，每天午睡幫助他提神醒腦，使他更有創造力。拿破崙則因為長期失眠，習慣用午覺來補充精力。

英國首相邱吉爾在二次大戰期間，靠白天補充睡眠，恢復體力，以肩負國家重任。他很多篇鼓舞民心士氣的精彩演說，就是在午睡後，口述而成的。

邱吉爾說：「你有時候必須在午餐和晚餐之間睡一覺，我經常脫了衣服爬上床休息。別以為午睡會耽誤工作，這是愚蠢的想法，相反，休息之後，你可以增加工作量。甚至你可以將一天當作兩天用，至少是一天半。」

愛迪生也是喜歡把一天分成兩半來使用的人，他認為晚上睡眠過長很浪費時間，所以他用午睡來取代部分的睡眠。美國近期的幾位總統——甘迺迪、雷根和柯林頓，也都以愛睡午覺出名。

「石油大王」約翰．洛克菲勒創了兩項驚人的紀錄：他賺到了當時全世界為數最多的財富，也活到九十八歲。他如何做到這兩點呢？最主要的原因當然是，他家裡的人都很長壽，另外一個原因是，他每天中午在辦公室裡睡半小時午覺。他會躺在辦公室的大沙發上——在睡午覺的時候，哪怕是美國總統打來的電話，他都不接。

生活中，有些人是必須養成午睡的習慣，像一些睡眠不足的人、體弱多病者、從事腦力勞動者、中小學生等都應提倡午睡。重體力勞動者和從事高溫工作的人，特別在夏季，也需要午睡，因為睡眠不足容易引起高溫中暑。一般午睡時間以半小時到一小時為宜。

需要注意的是，有三種人不宜午睡：六十五歲以上，體重超過標準體重的

20％的人；血壓過低的人；血液循環系統有嚴重障礙，特別是由於腦血管變窄而經常出現頭暈的人。

午睡的姿勢也有講究，若條件允許應盡可能躺下，以保證有足夠的血液流向腦部。千萬不要採取趴在桌子上午休，這樣的姿勢會使頭部的重量壓迫前臂神經，使手臂麻木。

此外，一般人中午飯都吃得較多，而消化掉這些食物大約需要三個小時左右。如果吃了午飯就立刻趴在桌上睡午覺，胃的消化功能很容易受到影響，造成胃部的脹氣。

最後，這種姿勢有可能會壓到眼球，使眼睛容易充血，造成眼壓升高，尤其是高度近視的人更要注意。因此，趴桌子午休的姿勢不宜提倡。

另外，不宜飯後立即午睡。因為午飯後胃內充滿尚未消化的食物，此時立即臥倒會使人產生飽脹感。正確的做法是吃過午飯後，先做些輕微的活動，如散步、揉腹等，然後再午睡，這樣有利於食物的消化吸收。

每次午休完後要馬上起身洗把臉，再喝上一杯熱茶，含糖的甜飲料會讓身體容易疲倦，盡量不要喝。

記住：適當的午休要比喝咖啡、可樂有效且健康。研究顯示，居住在熱帶和地中海地區的人，比居住在北美或北歐的人，較不易罹患冠狀動脈心臟病。原因之一可能是前者有午睡的習慣，因為午睡能幫助人放鬆心情、減輕壓力、提高免疫力。真可謂：酣眠固不可少，小睡也別有風味！

4 戒菸適酒，留住健康

二十一世紀是以人為本的世紀，人則是以幸福為本，幸福卻以健康為根，因為有了健康就有未來，就有希望，才能創造幸福，失去健康就失去一切。如果說健康是人生的第一財富的話，那麼菸酒就是逼迫你「破產」的根源。

談到戒菸限酒問題時，許多人都很漠然，覺得這早已不是什麼新鮮話題了，但菸酒的確是人類健康的最大殺手。

吸菸有害健康，我想任何一個人都明白這個事實，但為什麼有那麼多人就是不願意戒菸呢？主要是因為他們總是認為吸菸的害處未必有宣傳的那麼大，可能醫生的宣傳是言過其實，可能是過分渲染。不過，吸菸的害處已舉世公認，越早戒越好。如一時有困難，每日吸菸量應限制在五支以內，這樣吸菸的危險度較小。

有些人說：「我也想活得好，活得幸福，但是戒菸真的不容易。」其實戒菸容易不容易，主要是看你自己的決心，得有意志力去做，不用什麼戒菸茶、戒菸糖、戒菸藥，說戒就戒。

有些人一說得了肺癌，立即就戒了，一說得了腦溢血，當天就戒了。俗話說：「不見棺材不落淚。」人一被證實由於吸菸而判處「死緩」，當時那種求生欲望會產生極大的控制力。

老張今年七十歲，是位有輕微肺氣腫的小兒科醫生，抽菸抽了五十年。他在一年多前開始戒菸，但上帝似乎沒有給他太多時間去恢復健康的身體，因為他得了位居現代十大死因之一的惡性腫瘤——「肺癌」。

在開刀手術前，老張是一個談笑風生滿懷信心的人，然而手術後他卻一度進入呼吸加護中心搶救，現在尚需呼吸器幫助他學習呼吸，因為他的肺葉已切除⅖

無法像正常人一樣自由自在。從他木然的表情中，看出他的心情低落，無法適應現在需要「氣切」、「插鼻胃管」的狀況。

各位讀者，您是否日後想要過這樣的生活——手邊帶著氧氣筒，坐在輪椅上，凡事要人打理？相信您也不希望如此，所以請您現在開始「戒菸」。

我們提倡的是自覺地去做，靠意志戒菸。列寧十七歲時就抽菸，抽得很凶。有一天他媽看他抽菸，對他說：「我每天洗衣服掙這麼點錢，媽媽這麼辛苦，你抽菸要花多少錢！」列寧很孝順，聽完後立刻說：「行，媽您放心好了，我不抽了。」從嘴裡把剩下的半支菸扔到地下踩滅。從此後，列寧再也沒有抽過菸。

還有很多故事都證明戒菸是需要意志力的。可惜的是有好多人因為得了肺癌才戒菸，那就太晚了。因此，戒菸分兩種類型，一種是主動戒菸，病人高高興興、真心誠意、心甘情願，主動戒菸；另一種是被動戒菸，戒菸以後，效果好得不明顯，甚至於得癌更多死得更快了，為什麼？他被動戒菸，不心甘情願，也無可奈何，是被迫的、窩囊的戒菸。

再來談到酒，酒是把雙刃劍，少飲有益於健康，多飲則是損害身體的罪魁禍首。古代醫藥學家李時珍曾在《本草綱目》中，談到酒與健康與飲酒數量有關。他說：「面曲之酒，少飲則和血行氣，壯神禦寒，若夫沉湎無度，醉以為常者，輕則致疾敗行，甚則喪軀殞命，其害可勝言哉。」

同樣，元代的飲膳太醫忽思慧在《飲膳正要》一書中說：「酒味苦甘辛，大熱有毒，主行藥勢，殺百邪。去惡氣，通血脈，厚腸胃，消憂愁。少飲優佳，多飲傷神損壽，易人本性，其毒甚也。」現代科學研究證明，這個論斷是有道理的。

二十世紀九〇年代初，法國的一份研究報告說，法國人愛吃肥膩食物，但患心血管病的機會比美國人低，原因是法國人愛飲葡萄酒。有權威組織研究證明，適量飲酒使人產生欣快感，可放鬆情緒、增加食欲、幫助睡眠。

所謂少量，就是飲酒的量要以不損害健康為原則。很多科學家經過大量調查研究，基於各種病理學的檢驗資料，提出了一個安全的飲酒量，也就是說每餐飲酒酒精含量不超過十五克（相當於五十至一百毫升葡萄酒，或一罐啤酒）為佳。

超過這個攝入量「痛飲」的話，對肝臟的損害率就會明顯增加，還會造成慢性酒精中毒，引起多發性神經炎、心肌病變、腦病變、造血功能障礙等疾病。神經系統受到侵犯後，中樞神經抑制過程減弱，大腦皮層功能紊亂，久而久之則可造成智力和記憶力減退、判斷力下降，有時出現妄想等精神病症狀。

同時，食欲減退，攝取蛋白質及維生素不足，造成營養不良。如果是胰島素依賴性糖尿病患者，大量飲酒後，會出現低血糖，甚至有死於昏迷的病例。

如果你是一個愛喝酒的人，又重視健康問題，那你最好看看下面的內容。

飲酒的四大常識：

1.盡可能把酒溫熱了喝

中國自古以來就有喝熱酒的習慣，這從出土的青銅器中有一溫酒的器皿可以證明。事實上，許多黃酒加溫後飲用，更覺芬芳適口。白酒加溫後，一些低沸點的醛類物質會揮發掉一些，從而減少酒中對人體的有害成分。葡萄酒熱飲還能治感冒。

2.在腹中沒有食物或正在發怒的時候切莫飲酒

在民間，早流傳有「空腹盛怒，切勿飲酒」的諺語。這是頗有道理的。當人的腸胃中空無食物時，乙醇最容易被吸收，當然，也最容易醉倒。而人在發怒時，按中醫的理論說，則：肝氣上逆，面紅耳赤，頭痛頭暈。再加上乙醇造成的「興奮」，勢如火上澆油，更易失控，以致造成難以收拾的結果。

3.盡可能不要多種酒混飲

《清異錄》說：「酒不可雜飲。飲之，雖善酒者亦醉，乃飲家所深忌。」不同的酒中除都含有乙醇外，還含有某些互不相同的成分，其中有些成分不易混雜，多種酒混雜飲用可能會使人感覺胃不舒服，甚而頭痛。

4.飲酒後切不要洗澡

據設在洛桑的瑞士預防酒精中毒研究所發表的報告說，洗澡前飲用含酒精的飲料有害健康，甚至會引起死亡。這是由於酒後體內儲存的葡萄糖在洗澡時，會被體力活動消耗掉，因而血糖含量大幅度下降，體溫也會急劇下降；同時，酒精會抑制肝臟的正常活動，阻礙體內葡萄糖儲存的恢復，從而危及生命。

飲酒十三忌：

1.忌飲酒過量

2.忌「一飲而盡」
3.忌酒和汽水同飲
4.忌酒後受涼
5.忌酒後看電視
6.忌酒後噴農藥
7.忌睡前飲酒
8.忌帶病飲酒
9.忌孕期飲酒
10.忌美酒加咖啡
11.忌啤酒冷凍喝
12.忌上午飲酒
13.忌酒後馬上用藥

因此，我們為了自己的健康，為了自己的家庭，為了自己能活得更好，第一步就應該開始戒菸適酒的計畫。

5 健康的膳食文化

俗話說：「民以食為天。」人離不開飲食。然而怎樣的飲食更加科學且有利於健康，這其中大有文章可做。而且健康飲食不僅關係到一個人是否能更好地享受生活，還關係到整個民族品質的提高。

越來越多的證據顯示：過去的科學界、醫學界對飲食科學犯了一項重大的錯誤。這重大的錯誤使很多先進國家以及發展中國家，受到這種錯誤的科學所引導，致使百姓陷入各種文明病當中。並且這項錯誤的科學就如同劊子手一般，全球起碼已經有數以萬計的人因此提早結束了他們的生命。

所以，要想遠離文明病之痛苦，我們就必須回歸到合理健康的飲食當中來。

學會合理膳食

健康與合理膳食有著密切的關係，因為合理的膳食可以讓你健康，讓你活得幸福。其實要想做到合理膳食，你可以參照《登上健康快車》那本書裡的十個字：一、二、三、四、五，紅、黃、綠、白、黑。這十個字中不僅包括科學合理的膳食，也符合現代人營養觀念，是世界上最科學的膳食文化。

那麼何謂「一」？意思是每天喝一杯牛奶。如今很多人都被工作所左右，由於他們不怎麼注重合理膳食，因此很多人缺鈣，這樣就會帶來三個不利於健康的結果。

1.易發骨疼：缺鈣的人骨質疏鬆、骨質增生、腰疼、腿疼發麻、小腿抽筋等。

2.易患駝背：越活越矮，越活越萎縮，歲數越大個子越小。

3.易患骨折：一摔骨頭就斷。

那麼，為什麼現代人會缺鈣呢？因為每天每人應需要八百毫克鈣，而我們的伙食裡僅有五百毫克，缺少三百毫克，正好一杯牛奶有三百毫克鈣，每天補足一杯牛奶，正好補齊了。

牛奶什麼時候開始喝呢？從一歲開始喝。喝到什麼時候呢？終身喝奶。我們舉一個典型的例子：第二次世界大戰後，日本政府為了解決日本人個子矮的問題，每天中午給中小學生免費供應牛奶。就這樣，日本人一代比一代高。所以日本有句話「一袋牛奶振興一個民族」。

因此，要想健康就要每天保持喝一杯牛奶。

「二」是什麼意思呢？「二」是二百五十克至三百五十克碳水化合物，相當於六兩至八兩主食，這六兩到八兩不是固定的，比如有些年輕人、工人，他幹活挺重，一餐就要一斤半。有些女孩子呢？胖胖的，工作量很輕，二兩就夠了。

調控主食可以調控體重，是保持健康的最好辦法。現在有很多人因為肥胖而得了糖尿病、高血壓等疾病，如何才能使這些疾病遠離你呢？最好的辦法就是調控主食加適量運動。

我們知道，世界三大男高音歌唱家帕華洛帝，體重一百五十一公斤，醫生要他減到九十多公斤，怎麼辦呢？就是用這個辦法，調控主食。

「三」是什麼意思呢？三份高蛋白。人不能光吃素，也不能光吃肉。蛋白不能太多也不能太少，三份至四份就好，不多不少，一份就是一兩瘦肉或者一個大雞蛋，或者二兩豆腐，或者二兩魚蝦，或者二兩雞和鴨，或者半兩黃豆。

一天三份，比如說我今天早上吃了一個荷包蛋，中午，我準備吃一份肉片苦瓜，晚上吃一份豆腐和二兩魚，這樣一天三份至四份的蛋白不多也不少。蛋白過多，消化不良，造成腸道毒素太多。蛋白太少了就會引起營養不良，所以，一個想保持健康的人每天最好吃三份高蛋白食物。

「四」是什麼意思呢？即四句話：「有粗有細，不甜不鹹，三四五頓，七八分飽。」粗細糧搭配，一個禮拜吃三四次粗糧，像是老玉米、紅薯這些，粗細搭配營養最合適。

「五」是什麼意思呢？就是五百克蔬菜和水果。常吃新鮮蔬菜和水果可以預防癌症。所以五百克蔬菜和水果的比例相當於八兩蔬菜二兩水果，經常吃點這個，預防癌症最好。這就是我們提倡的「一、二、三、四、五」的合理膳食方法。

再說說什麼叫紅、黃、綠、白、黑。「紅」就是一天一個番茄，特別提醒男性一天要吃一至兩個番茄，可使前列腺癌減少45%，熟的番茄做菜吃更好，因為茄紅素是脂溶性的。

第二個就是說如果健康的人少量喝點紅葡萄酒或紹興酒、米酒，也可以預防動脈硬化，但是千萬不要喝太多。再者，如果某個人情緒低落，那麼可以吃點紅辣椒以改善情緒，紅辣椒是改善情緒減輕焦慮的東西，因為紅辣椒可以刺激體內放出內啡肽。

「黃」就是指多吃些含鈣和維生素A的食物，這樣可以防止小孩感冒發燒，扁桃腺炎；中年人癌症、動脈硬化；老年人眼睛發花，視力模糊。因此，我們應多吃含鈣和維生素含量高的食物，例如胡蘿蔔、西瓜、紅薯、玉米、南瓜、紅辣椒等。

「綠」是什麼意思呢？飲料裡茶最好，茶葉當中綠茶最好，綠茶有一種抗氧自由基因的東西，有助延緩衰老，越喝越年輕。所以，喝茶能夠起到延年益壽、減少腫瘤、減少動脈硬化的作用。

「白」是指燕麥粉、燕麥片。因為燕麥粉、燕麥片、燕麥粥不但降膽固醇，還對糖尿病和減肥特別好。特別是燕麥粥通便效果很好，很多老年人大便乾，容易造成腦血管意外。

「黑」是黑木耳。黑木耳吃後，血液稀釋，不容易得腦血栓，也不容易得冠心病。現在很多老年人癡呆，與半身不遂不一樣，半身不遂是突然一根大血管堵了，癡呆是很多細小的毛細血管堵塞。

這兩種情況大多數是因為血黏度太高造成的。吃黑木耳正好，一天五克至十克，一天一次，做湯做菜都可以。經過科學實驗證明，黑木耳能降低血黏度。

合理膳食就是這十個字：一、二、三、四、五，紅、黃、綠、白、黑。

多食五穀雜糧，宜健康祛病

一說到健康飲食或者如何吃出健康的問題時，很多人首先想到的往往是各種補藥、肉類或山珍海味。其實，我們平常吃的五穀雜糧才應該是最好的補藥。中醫有「藥食同源」的說法，五穀雜糧的藥性既可以用來防治疾病，又經濟實用，且沒有副作用。

飲食療法在中國已有幾千年的歷史，《黃帝內經．素問篇》記載了飲食與健康的關係，如「五穀為養，五果為助，五畜為益，五蔬為充」。以食供藥從五穀雜糧、葷素菜肴到瓜果糕點、湯漿酒茶，為人體提供了必需的營養素，有助改善體質，提高防病抗病能力。

1. 大米：老少皆宜的保健品

大米，又名粳米，是人們日常生活中的主食，老少皆宜。它味甘性平，具有補中益氣、健脾和胃、除煩渴的功效。

特別是冬天室內暖氣較熱，空氣乾燥的時候，早晚喝點大米粥，可以遠離口乾舌燥的困擾。大米粥和米湯不僅是有助幼兒吸收的營養食品，而且大米還可以使血管保持柔軟，達到降血壓的目的。因此，對老年人來說，也是很好的保健食品。

2. 小米：健胃安脾

又名粟米，味甘性平，有健脾和胃的作用，適用於脾胃虛熱、反胃嘔吐、腹瀉及產後、病後體虛者食用。

據研究發現，小米中含有豐富的色氨酸，其含量在所有穀物中獨占鰲頭。色氨酸能促進大腦神經細胞分泌出一種使人欲睡的神經遞質——五脛色胺，令大腦思維活動受到暫時抑制，使人產生困倦感，可助人安然入睡。

此外，小米熬粥時上面浮的一層細膩的黏稠物，俗稱為「米油」。中醫認為，米油的營養極為豐富，滋補力最強，有「米油可代參湯」的說法。

3. 大麥：消疲潤腸

大麥中含有多種營養成分，特別是大麥胚芽中的大量維生素B1與消化酶，對幼兒、老人、維生素B1缺乏症者均有很好的功效，還能提神醒腦、消除腦部疲勞。

大麥中大量的膳食纖維，可以刺激腸胃蠕動，達到通便作用，並且可以降低血液中膽固醇含量，預防動脈硬化、心臟病等疾病。大麥中富含鈣，對兒童生長發育十分有利。

4. 小麥：養心安神

小麥味甘，性平微寒，有健脾益腎、養心安神功效。心煩失眠者可用小麥與大米、大棗一起煮粥服食。此外，麥麩含高膳食纖維，對高脂蛋白血症、糖尿病、動脈粥樣硬化、痔瘡、老年性便秘、結腸癌都有防治作用。

小麥還有養心氣之功效，適合有心臟疾病者食用。其中所含的維生素E有抗氧化作用，加上可以降低血液中膽固醇的亞油酸，能有效預防動脈硬化等心血管疾病。

5.玉米：活血降脂

玉米具有健脾利濕、開胃益智、寧心活血的作用。對於高血脂、動脈硬化、心臟病、心肌梗死等心血管疾病的患者十分有益。美國科學家還發現，吃玉米能刺激腦細胞，增強人的記憶力。

此外，玉米油中的亞油酸能防止膽固醇向血管壁沉澱，對防止高血壓、冠心病有積極作用。另外，它還有利尿和降低血糖的功效，特別適合糖尿病患者食用。

6.高粱：補氣清胃

高粱味甘性溫，有健脾益胃的作用。小兒消化不良或者成人有脾胃氣虛現象時，可取高粱入鍋炒香，去殼磨粉，每次取適量調服。但高粱性溫，含有具收斂止瀉作用的鞣酸，便秘者不宜食用。由於高粱是穀類中少有的偏熱性食物，寒性體質的人不妨多食。

7. 糯米：安神溫養

糯米自古就被認為是溫養妙品，對於脾胃虛弱、體虛乏力、多汗、嘔吐、經常性腹瀉、痔瘡、產後痢疾等症狀有舒緩作用；對體虛產生的盜汗、血虛、頭昏眼花也能發揮妙用。神經衰弱、病後或產後的人食用糯米粥，可以滋補營養，補養胃氣。

8. 蕎麥：減壓降脂

蕎麥不僅易於烹煮消化，營養豐富，而且對人體有多種功能。尤其值得注意的是，它被認為是降壓食品的佼佼者。此外，它還可以清熱解毒、益氣寬胃，對腸炎、痢疾、女性白帶過多均有療效。

蕎麥中的芸香苷、維生素P是對人體心血管疾病有改善作用的營養成分，一般都留在蕎麥湯裡，所以煮過蕎麥的湯，最好也食用，這樣能更有效地發揮蕎麥的養生功能。

9. 黃豆：健脾益氣

黃豆性平味甘，有健脾益氣的作用，脾胃虛弱者宜常吃。用黃豆製成的各種豆製品如豆腐、豆漿等，也具有藥性：豆腐可寬中益氣、清熱散血，尤其適宜痰熱咳喘、傷風外感、咽喉腫痛者食用。

6 培養健康的飲食習慣

古人云：「安身之本，必資於食……不知食宜者，不足以生存也」。合理的飲食，可以使人身體強健，益壽延年，而飲食不當則是導致疾病和早衰的重要原因之一。

因此，中國古代養生家都十分重視飲食的適度，在節制飲食方面均有許多精闢的論述和寶貴經驗。以下幾方面可供大家參考和借鑑：

1.飲食有度，合理分配三餐

孫思邈在《千金要方》中說：「飲食以時，饑飽得中。」又說：「每吃不重用。」講的就是吃飯要定時定量。這對維持胃腸正常功能，保持其工作的規律性是十分重要的。

因此，一日三餐的食量分配要適應生理狀況和工作需要。最好的分配比例應該是三：四：三。

2.葷、素搭配

葷食中蛋白質、鈣、磷及脂溶性維生素優於素食；而素食中不飽和脂肪酸、維生素和纖維素又優於葷食。所以，葷食與素食適當搭配，取長補短，才有利於健康。

3.不挑食和偏食

人體所需要的營養物質是由各種食物供給的，沒有任何一種天然食品能包含人體所需要的全部營養物質。單吃一種食物，不管吃的數量多大，營養如何豐富，也不能維持人體的健康。因此，在飲食中，不可長期挑食或偏食。

4.不暴飲暴食

宋代張杲在《醫說》中告誡道：「食欲少而數，不欲頓而多。」俗話說：「若要身體好，吃飯不過飽。」這話是有一定道理的。

有的人在短時間內，一次進食過多或飲入過多的水、飲料和酒等，這樣的暴飲暴食不僅會破壞胃腸道的消化吸收功能，嚴重者還會導致急性胃炎、腸炎、胰腺炎、胃穿孔等，而且由於隔肌上升，影響心臟活動，還可誘發心臟病等，如果搶救不及時，會發生生命危險。為此，現代飲食學所主張的「少食多餐制」也正是這個道理。

5.大饑勿飽食、大渴勿過飲

宋代養生學家劉詞，曾在《混俗頤生錄》裡這樣寫道：「大渴不大飲，大饑不大飽，大喜不大憂，大勞不大息，欲大得不欲大失。……此皆為損壽之候。」其中說的一個道理即是大饑勿飽食、大渴勿過飲。

隨著生活水準的提高，很多人在大饑大渴時，常常是一次吃得過飽或飲水太多，從而使胃難以適應，造成不良後果。

古人主張：「不欲極饑而食、食不可過飽；不欲極渴而飲、飲不宜過多。」這也是防止饑不擇食、渴不擇飲的科學方法。一旦出現饑渴難耐的情況，如果能夠做到緩緩進食，漸漸飲水，則可避免身體受到傷害。

6.勉強進食害處大

梁代陶弘景在《養性延命錄》中曾指出「不饑強食則脾勞，不渴強飲則胃脹」。意思就是說在你不餓或不渴的時候，如果非要強迫自己進食或飲水的話，那將有損身體健康。

如今的飲食水準提高了，很多人經常會出現厭食的情況，有病理性引起的厭食，也有心理因素引起的厭食。不論哪種情況，只要沒有食欲，就不應強迫自己。

很多人看到自己的孩子、另一半、父母沒有食欲的時候，總是逼迫對方進食，這樣的做法是不對的。積極的辦法是：調整飲食習慣、加強運動、參加娛樂活動、保持精神愉快、耐心治療疾病，並創造輕鬆的進食環境，烹製色香味形俱能誘人食欲的飯菜等等。中醫認為這樣的積極做法有利於保護脾胃。

7.飲食以時，有規可依

每個人要想培養健康的飲食習慣，要適當安排飲食的時間，不使相距太遠或太近。古人云：「先饑而食，先渴而飲。」而且早在春秋時期的《尚書》中，就有「食哉惟時」的記載，還有《千金要方》中所說的「飲食以時」，這些都說明了這個道理。

現在有很多人因為忙於工作，不惜打破傳統的一日三餐制的飲食習慣，採取不分時間隨意進食，這不僅會打亂胃腸正常的消化規律，而且還會對健康有害。當然對於那些需要禁食的病人，就應該按照醫生囑咐進食。

8.早飯好，午飯飽，晚飯少

對於「早飯好，午飯飽，晚飯少」的飲食習慣，很多人都很熟悉。所以，有的人曾喊出一個健康飲食的口號：「早晨吃得像國王，中午吃得像貴族，晚上吃得像貧民。」

的確，一日三餐中，早餐最重要，因為維生素、礦物質、蛋白質及其他營養素是人體不能合成的有機物，只有靠飲食補充，並且這些營養在體內可供利用的時間只有六小時，一個人經過一夜睡眠後，體內的維生素等物質已經消耗完，如果不及時補充，將嚴重影響工作和學習。

美國曾做過調查，早晨的車禍多和不吃早餐有關。不吃早餐還會導致夫妻間為小事吵架，同事為小事磨擦。也許，有人會說我多年不吃早餐也沒有什麼不適。其實，飲食的危險因素在人體產生明顯可見的疾病後果，一般要經過二十年左右的時間。

午飯飽，是因為一般來說，上午的勞動量較大，為補償半天內能量的消耗，午餐可適當豐富一些。但只是略飽而已，不可過飽。

晚飯少，是因為晚飯太飽或食後即睡，會使飲食停滯胃脘，引起消化不良，甚至發生慢性胃腸疾病。中醫所謂：「中滿不消，而脾胃大傷矣。」就是指這種情況。此外，須注意晚飯不宜太晚，夜間應盡量避免進食。

9.熱無灼唇，冷無冰齒

孫思邈在《千金翼方》中說：「熱食傷骨，冷食傷肺，熱無灼唇，冷無冰齒。」意思就是指飲食不要太熱或太涼。人吃了過寒或過熱的食品，就會損害胃腸，甚至引起疾病。

特別是體虛胃寒的人，兒童與老人等，更應慎用。中醫還認為，寒飲不但損傷脾胃，而且也損害肺及其他臟腑。當然，飲食也不可太熱，熱則反傷咽喉、胃脘。

過熱的食物會使食管上皮細胞燙傷，上皮細胞一旦燙傷，其新生速度就要加快，如在增生的基礎上再不斷受到外界的刺激，這樣，就容易惡化成癌。因此進食的食物應該「食宜暖些」。

10.胃好恬愉

古人說得好：「食後不可便怒，怒後不可便食。」進食前和進食中保持平靜愉快的情緒，有利於消化功能正常進行，與此相反則會危害脾胃。《素問．舉痛論》中說：「怒則氣上，喜則氣緩，悲則氣消，恐則氣下，驚則氣亂，思則氣結。」很難設想，人們在氣血紊亂的情況下，還能保持消化功能的正常進行。

另外，《壽世保元》中說：「脾好音聲，聞聲即動而磨食。」意思就是說音樂有利於消化。因此，中國道家不僅提出了「脾臟聞樂則磨」之說，還發展了一整套「音符」和「梵音」等，奏出柔和清悅的音樂以配合進食。

11.食宜細嚼慢嚥

《醫說》中說：「食不欲急，急則損脾，法為熟嚼令細。」細嚼慢嚥進食時能使唾液大量分泌，可以幫助攝食及消化。因為唾液中的澱粉酶可幫助食物消化，還有溶菌酶和一些分泌性抗體可幫助殺菌解毒。

口中唾液與食物的充分混合，以及通過細嚼使食物磨碎，都可減輕胃的負擔，促進消化和吸收。緩食又能使胃、胰、膽等消化腺得到和緩的刺激，令其逐漸分泌消化液，從而不至於因「狼吞虎嚥」而使消化器官難以適應。

12. 進食不可分心

民以食為天，孔子十分注重飲食習慣對健康與養生的作用。他在《論語・鄉黨》中強調「食不語，寢不言」的進食習慣，孔子十分明白「食不語」可以使注意力集中，既有助於食物消化，又可以預防進食過程中嗆食等意外；「寢不言」則可避免睡前過於興奮，難以入眠。

這就說明在古代，古人們已經明白進食時專心致志，以利納穀和消化的道理。如今的進食習慣與健康的作用，我們更應該關注。如果說話太多，邊吃邊看書或邊思慮，會影響進食和消化，有損健康。俗語說：「一心不可二用。」就是這個道理。

13. 飯後多摩腹與散步，忌睡臥或悶坐

孫思邈在《千金翼方》中說：「食畢摩腹，能除百病。」又說：「中食後，還以熱手摩腹，行一二百步，緩緩行，勿令氣急，行訖，還床偃臥，四展手足勿睡，頃之氣定。」這是一套較為完整的食後養生法。

實踐證明，這是行之有效的保健措施。飯後以熱手摩腹，手法可從上至下，從左至右，以順時針方向，用手掌輕輕環轉推摩。這樣，顯然能促進腹內氣血運行，加強胃腸消化功能。經常行此食後按摩法，必定對身體大有益處。

現代醫學中的消化不良、慢性胃炎、慢性腸炎、慢性膽囊炎或胃腸神經官能症等疾病，都是本法的適應症。其作用機制除了上述外，還由於食後摩腹作為一種良性刺激，經傳入神經送給大腦皮層，引起有益於調節各種生理機能的條件反射，從而對多種疾病產生治療作用。

另外，食後緩行有益健康，所以俗話說：「飯後百步走，能活九十九。」行走的方法以緩緩散步為安。如《攝養枕中方》中說：「食止行數百步，大益人。」散步之後，宜作適當休息，但忌睡臥或悶坐，否則會使飲食停滯，不易消化。

如《壽世保元》中說：「食後便臥令人患肺氣、頭風、中痞之疾，蓋營衛不通，氣血凝滯故爾。」當然，飯後也不宜運動或急行，否則會使血運於四肢，不僅影響消化，時間久了，還會損壞身體，引起疾病。

因此，飲食習慣對人體健康有很大影響，良好的飲食習慣，是保證健康的重要措施，也是我們尋找幸福的最佳方法之一。

7 健康在於運動

俗話說得好：「生命在於運動。」人們都知道運動對健康的重要性，一方面，適度的運動可以促進血液循環和新陳代謝，調節和興奮大腦神經中樞，增強和提高免疫力；另一方面，運動還可以增加飲食，提高睡眠品質。因此，「健康在於運動」不僅是我們現代人的一句口號，更是我們必須努力去做的事情。

醫學之父西波克拉底說過：「陽光、空氣、水和運動，是生命和健康的源泉。」可見運動對於生命和健康的重要性。

提起奧林匹克這項人類盛典，我們首先就會想到它的發源地古希臘，在古希臘山上的岩石上刻了這樣的一段文字：「你想變得健康嗎？你就跑步吧！你想變得聽明嗎？你就跑步吧！你想變得美麗嗎？你就跑步吧！」跑步，能使人健康，能使人線條好。

不過在鍛鍊身體的時候，要把握好鍛鍊前、鍛鍊中和鍛鍊後這三個環節，這樣才能達到鍛鍊的最佳效果。

1. 鍛鍊前的準備

人們鍛鍊應該選擇適宜自己的運動方式。鍛鍊是為了強身健體，要根據自身的身體狀況量力而行，不能為了鍛鍊而鍛鍊。有些人看到別人每天爬山鍛鍊身體，便也仿效，可是沒有考慮到自己患有高血壓的身體，承受不了這樣的運動項目，還沒爬幾次山呢，就病倒了。患有慢性病的人最好向醫生諮詢一下，根據醫生的建議，選擇適合自己的運動方式。

在開始鍛鍊前還要選擇好地點和時間。適宜鍛鍊的地點要環境幽靜、陽光柔和、空氣清新、地勢平坦，既不偏僻也不繁華。尤其老人應該選擇周圍有人的地方鍛鍊，遇到緊急情況的時候好有人照應。同時，還要結合自身的健康狀況、季節、天氣等因素，選擇離家近的社區內，還是稍微遠些的公園裡。

在時間安排上，有晨練和暮練。科學研究證實，還是暮練比較科學。因為晨練存有諸多弊端，如早晨人體的組織和器官機能運轉較遲，對外界的反應敏感性也差，特別是那些年老體弱者，在晨練時容易發生意外。

再加上早晨近地面逆溫層的空氣污染物尚未擴散，氣溫較低，易患傷風感冒，引發舊疾。另外，在春秋季節，早晨多霧，空氣中含有的有害物質對健康不利。

2. 鍛鍊中的工作

在鍛鍊的時候，始終保持樂觀的心情，意念放鬆，先做好伸展運動。自上而下，從頭部，經頸部、兩肩、兩胯、兩腿到兩足一一放鬆。然後活動四肢，伸伸腰腿，使肌肉和韌帶都逐漸放鬆。在運動的過程中，一定要循序漸進，運動量由小到大，動作由慢到快，運動時間由短到長。

運動快要結束了，要做好整理運動，不要驟然停止。如閉目靜默、調整呼吸，以及做一些輕微的、小運動量的動作，甩手擺腿，身體前屈後仰，輕輕轉腰等。這樣可以使因運動而淤積於下肢血管中的血液回流至心臟，防止發生意外。

在鍛鍊的時候，感覺身體不適要立即停止。鍛鍊是該持之以恆，但前提是身體狀況要好，如果帶病堅持鍛鍊反而適得其反。有的人在鍛鍊時感到不舒服，如頭暈、心慌、憋氣、胸悶、腹痛等，遇到這種情況，應該立即停止運動，如果休息後還不見好轉，應及時就醫，千萬別硬撐著。

3. 鍛鍊後要做的

運動過後要注意補充營養，補充在鍛鍊中所失的水分和所消耗的能量。在膳食中增加含蛋白質的食物，多吃蔬菜水果。合理膳食和適量運動是健康生活的兩根槓桿，保持平衡才能使我們的身體更健康。

鍛鍊結束後，一定要根據身體反應隨時調整運動量和運動方式。經過鍛鍊，睡眠和飲食狀況是否得到了改善，這樣的運動量身體是否吃得消，可以自己測量一下運動後的心率、血壓，定時稱體重，判斷自己的運動量是大了還是小了，適當增加或減少運動時間，確保最佳運動效果。

在鍛鍊身體的時候，做好上面的三個環節，相信你一定會收穫不小。

適合中老年人健康的運動

對中老年人來說，世界上最好的運動是走路，而不是高爾夫球、保齡球、游泳。因為，人類花了一百萬年從猿到人，整個人的身體結構就是為步行設計的，所以步行運動是世界上最好的運動。

那麼怎麼步行最好呢？三個字：三、五、七。什麼叫「三」？一次三公里三十分鐘以上。「五」呢？一個禮拜最少運動五次。「七」呢？指運動的適量，過分運動是有害的。

如何適量呢，就是要運動到你的年齡加心跳等於一百七十。比如說我五十歲的話，運動到心跳一百二十，加起來是一百七十。這樣的運動是優良代謝。如果身體好，可以多一些；身體差，可以少一些，步行運動應量力而行。

北京東華門邊有個廟叫作普渡寺，有一個道士很窮，中國政府每月給他一些錢。他這個人有個特點，每天早上起來拄著拐棍，從東華門走到建國門，再從建國門走回東華門，來回兩個小時，一年四季天天走。

那個寺廟旁邊還有許多房子，原來這些房子住著一些政要人物和名人，如今幾十年下來，很多人不知道哪裡去了，唯獨這個道士今年九十六歲還生活得好好的。

其實，他並沒什麼很好的食物或者營養品，就是每天早上起來棍子一拿就走路了。兩個多小時，就這麼簡單，但一直堅持，到現在身體非常好。步行運動堅持下去，可以代替很多保健品。

對於中老年人來說，除了步行，還有一項運動很好，值得提倡，就是太極拳。太極拳是種特殊的運動，柔中有剛，陰陽結合。太極拳最大的用途是改善神經系統。打拳堅持三五十年之久，最重要的是使平衡功能改善，比如走路被絆了一下也不會跌跤。

要麼走路，要麼練太極拳，對於中老年人來說都是很好的運動方式。

適度適量的運動才是健康的

很多人對運動健身有一種誤解，以為從事一些激烈運動，不到全身疲乏痠痛的程度，達不到鍛鍊的效果，否則就是浪費了時間和精力。健康專家認為：適量適度體能運動對健康及生活品質都有極重要的正面影響，也就是說，通過輕鬆溫和的運動同樣有益健康。

保持身體健康需要多大的運動量呢？首先我們要對熱量衡量單位有一點認識：卡路里。以時速十公里輕鬆騎自行車半小時，消耗我們兩百大卡的熱量。如果你每週消耗五百大卡，就可大大降低患骨質疏鬆症、高血壓、心臟病、糖尿病及肥胖症的機率。

如果你每天能消耗四百大卡的熱量，那效果將更好。因此，我們可以通過諸如走路、慢跑、跳舞等一系列簡單易行的運動方式來達到健身的目的。

走路：以舒緩的步伐走三十分鐘，大約可以消耗兩百大卡的熱量，每週三次。

騎自行車：以時速十公里騎車三十分鐘，可消耗兩百大卡的熱量，每週三次。

游泳：以自由式慢游三十分鐘可消耗四百大卡，每天一次或每週兩次。

打高爾夫球：三十分鐘消耗兩百五十大卡的熱量，每週兩次。

另外，為減少運動帶來的損傷，我們在運動中要遵循以下原則：

1.切忌「運動越多越好」的錯誤觀點，建議每次進行二十～四十分鐘，每週三～四次的有氧運動最合適。

2.運動強度要有限制，一般不要超過最大心率的80％。用兩百二十減去年齡，就是你的最大心率。如三十五歲的人最大心率為220-35=185次／分，運動最大心率不應該超過185×80%=148次／分。

3.運動要遵循生理規律，先做準備活動，並逐步增加運動量，運動結束時要做放鬆和伸展活動。

如果能遵循以上原則來選擇運動方式，運動就可提高身體素質，否則，可能適得其反。

8 遠離輻射呵護健康

電磁輻射已經成為繼大氣汙染、水汙染和雜訊汙染後的第四汙染，電磁輻射汙染在不斷加劇！如何減輕電磁輻射對人們的危害，已成為一個重大的課題。據資料顯示，電磁輻射已成為當今危害人類健康的致病源之一。

調查表明，在兩毫高斯以上電磁波磁場中，人群患白血病的機率為其他人的二．九三倍，患肉腫瘤的機率為正常人的三．二六倍。

也就是說，在人們的工作與生活中，電磁波帶來的負面影響已經相當明顯，尤其是老人、孕婦、兒童更是深受其害，人體的心臟、眼睛和生殖器更易受到傷害。因此，我們必須要遠離輻射，呵護自己的健康。

各類家用電器、辦公設備、移動通訊設備等，都是社會必要的發展先進設施。社會發展水準越高，使用的電子設備越多，人們受到電磁輻射的影響也越普遍。有關專家認為，電磁輻射對人們的影響雖然是普遍存在的，但並不可怕，可以適當做些預防工作，以減少電磁輻射對健康的直接影響。

針對我們身邊接觸到的電磁輻射可能帶來的人身健康威脅，我們應該鄭重來防範：

1.提高自我保護意識，重視電磁輻射可能對人體產生的危害，多瞭解有關電磁輻射的常識，學會防範措施，加強安全防範。對配有使用手冊的電器，應嚴格按指示規範操作，保持安全操作距離等。

2.不要把家用電器擺放得過於集中，或經常一起使用，以免使自己暴露在超劑量輻射的危險之中。特別是電視機、電腦、電冰箱等電器更不宜集中擺放在臥室裡。

3.各種家用電器、辦公設備、行動電話等都應盡量避免長時間操作，如電視、電腦等電器需要較長時間使用時，應注意至少每一小時離開一次，採用眺望遠方或閉上眼睛的方式，以減輕眼睛的疲勞程度和所受輻射的影響。

4.當電器暫停使用時，最好不要讓它們處於待機狀態，因為此時會產生較微弱的電磁場，長時間也會產生輻射積累。

5.對各種電器的使用，應保持一定的安全距離。如眼睛離電視螢幕的距離，一般為螢幕寬度的五倍左右；微波爐在開啟之後至少要離開一公尺遠，孕婦和小孩應盡量遠離微波爐；手機在使用時，最好用耳機接聽電話。

6.如果長期處於超劑量電磁輻射環境中，應注意採取以下自我保護措施：

①居住、工作在高壓線、變電站、電台、電視台、雷達站、電磁波發射塔附

近的人；經常使用電子儀器、醫療設備、辦公自動化設備的人；以及生活在現代電器自動化環境中的人，特別是抵抗力較弱的孕婦、兒童、老人及病患，有條件的應配備針對電磁輻射的遮罩防護服，將電磁輻射最大限度地阻擋在身體之外。

②電視機、電腦等有顯示螢幕的電器設備，可安裝電磁輻射保護屏，使用者還可佩戴防輻射眼鏡，以防止螢幕輻射出的電磁波直接作用於人體。

③手機接通瞬間釋放的電磁輻射最大，所以，最好在手機響過一兩秒後或電話兩次鈴聲間歇中接聽電話。

④電視機、電腦等電器的螢幕產生的輻射，會導致人體皮膚乾燥缺水，加速皮膚老化，嚴重的甚至會導致皮膚癌，所以，在使用完上述電器後應及時洗臉。

⑤多食用一些胡蘿蔔、豆芽、番茄、油菜、海帶、高麗菜、瘦肉、動物肝臟等富含維生素A、C和蛋白質的食物，以利於調節人體電磁場的紊亂狀態，加強機體抵抗電磁輻射的能力。

別跟自己過不去

「親愛的朋友，你今天看上去臉色好像不太好，是不是最近工作太忙了，不過我很高興你能堅持天天來鍛鍊身體。」菩提樹在暖暖的陽光下，看著這個正在晨練的人。

但這個人似乎什麼也沒有聽到，只是在草地上瘋狂地跑著，直到跑不動為止。「哦，我的朋友，這種鍛鍊對你是很沒有好處的，你這是對自己的身體不負責的表現，快到我的樹下來歇歇吧！不要躺在那濕濕的草地上。」菩提樹望著那在草地上躺著的人，著急地說。

那個人慢慢走到菩提樹下，坐在了一塊石頭上，用手摸著菩提樹那蒼老的樹幹說：「如果有人傷害了您，您會原諒他嗎？」

「會啊，我的朋友。你怎麼了？你怎麼會問我這個問題？」

「您知道嗎？我的助手出賣了我，就在昨天，我和我的對手在為一個項目進行談判，我發現對手對我的情況瞭若指掌，害得我在這次的談判中輸了，直到最後我才從我的對手口裡知道，是我的助手出賣了我。我不能原諒他，是他害了我，我最恨別人出賣我，我要報復他，把他送進監獄！」這個人憤怒地說著。

「親愛的朋友，對你的遭遇我深表同情，可是你不能這樣做，這樣會毀了你的前程和幸福的。」菩提樹用它那長長的樹枝撫摸著那人說：「你看看你腳下的小草，你天天踩著它，害得它總也長不高，它報復你了嗎？沒有，它還是每天為你送去新鮮的空氣。你知道這是什麼力量讓它這樣做嗎？」

「不知道。」那人茫然地回答道。

「你真是被仇恨沖昏了頭腦，這就是寬容，是小草用它那寬容的心原諒了你，同時也原諒了自己，使自己心中不再有恨這個字，只有這樣，它才會為你送去片片綠意。」

「您的意思就是讓我原諒那個人，可是我心裡還是有點不舒服，我需要好好想一想。」那人一邊摸著自己腳下的小草一邊說。

他在菩提樹下看著那綠綠的小草想了一會，突然大笑一聲說：「我終於明白了，寬容自己、理解自己，要好好的善待自己，只有自己原諒了自己，自然也會原諒他人。」

「我很高興你能明白這個道理，這就是要告訴你，無論做什麼都『別跟自己過不去』，這就算是我送你的第五個禮物吧！」

「多謝，非常感謝您能夠再次點撥我，否則我肯定會終日不快的。」這個人答謝完後，便高興地踏著小草回家了。

1 我們有理由跟自己較勁嗎？

「人無坎坷不成熟，事無蹊蹺無人傳。」在人生的道路上，我們總是會感覺到這樣或者那樣的不如意。要知道，生活中的每個人或事都不是你想的那麼完美。人生苦短，別和自己過不去，讓一切都順其自然吧！

順其自然並不是一種退讓和軟弱，而是要求我們回歸到自己的內心，需要我們有一種非凡的氣度、寬廣的胸懷，有對人對事的包容和接納。有一種柔而不弱，韌而不絕的決心和力量。只有在豁達和頓悟後，生命才會更加從容和美麗。

放不下的王魚

人生就好像是一條河流，有其源頭，有其流程，還有其終點。無論生命的河流有多長，最終都是要到達終點，所以我們在活著的時候，盡量少一點苦惱，多一點愉快，每天想著快樂的事情，不要為我們的得失而悔恨。

凡事都要拿得起，放得下，不要給自己找煩惱，永遠保持一顆平常的心態，快快樂樂地過好每一天。

有位哲學家曾說過：「同一件事，想得開是天堂，想不開是地獄。」其實就是這個道理。放開你的懷抱，別為那無謂的得失所苦惱，生活就會變得更幸福。不要去在意那本不該是你的東西，要心態平和地面對你所失去的一切，幸福就會隨之而來。

曾經有這樣一個故事：在太平洋中有個布拉特島，在這個島的水域中生活著一種魚叫王魚。這種王魚一般分為兩類：一類有鱗，一類無鱗。有鱗無鱗，全由牠們自己來選擇決定。

一身無鱗的王魚通常都活得比較輕鬆愜意，牠們體小，行動敏捷，在食物充足而又沒有天敵的水域裡，過著平平靜靜的生活。但是有的王魚卻不滿意於這種平淡的生活，會選擇有鱗。這樣的一生就會相對「精彩」很多。

王魚都有一種本領，只要牠願意，可以通過自身的分泌物吸引一些較小的動物貼附在自己的身上，然後千方百計把這些小動物身上的物質吸乾，慢慢地變為自己身上的鱗片。

其實那不是鱗，只是一種附屬物。當王魚有了這種附屬物後，便會變成另一種形態：貌似強大，比無鱗的王魚至少要大出四倍。這種王魚無論游到哪裡，都會前呼後擁，派頭十足。同伴們也會對牠畢恭畢敬。牠終於如願以償，成了名副其實的魚王。

可是，當有鱗的王魚年老時，由於身體機能的退化，無法再分泌出營養物質了，身上的附屬物就會開始慢慢脫離牠的身體，使牠回到最初的面目，和普通的王魚一樣體小無鱗。

普通的王魚因為習慣了無鱗的生活而無所謂，但這類王魚卻無法忍受沒有鱗片的狀態，光禿禿的模樣讓牠們很不自在，同伴們也不再將牠當「王」看待了，這讓飽嘗過做「王」滋味的王魚很失落。

牠們覺得痛苦、難堪，於是變得異常煩躁，甚至無端地攻擊別的魚，以解脫自我。可惜，牠又沒有了往日的能力，在攻擊別的魚的時候，往往會反過來被別的魚撕咬得遍體鱗傷。於是，絕望的王魚選擇了自殘，故意衝撞其他魚類，或往岩石上猛撞，掙扎數日後死去。

有鱗王魚實在死得太慘，或許牠們本不該貪慕虛榮，選擇不屬於自己的附屬物作為自身的鱗片。但更重要的一點是，牠們不能放下那曾經擁有的「鱗片」，執意要當不可能的「魚王」，而不去做一條快快樂樂的王魚。

王魚是由於羞愧失意、氣憤至極自殘而死。其實，牠們都死在跟自己較勁上。為了那些本來不是自己的東西，甚至有的還是從他人那裡得來的，而戀戀不捨。

若是牠們能在這些身外之物失去之後，冷靜地想一想，想到那些東西本不屬於自己，然後及時調整心態，從失落、挫折和打擊中站起來，只要心胸豁達一些，眼光看遠一些，不去爭一時之氣，更不動輒採取自殘之類的極端措施，而是積極地再去尋找別的食物或生存的本領，牠還會過上幸福的生活。

可是王魚卻落了個自取滅亡的結局，說白了這就是自己跟自己過不去，咎由自取。

正如卡內基所說：「不要讓自己因為一些應該丟開和忘記的小事煩心，要記住『生命太短促了，不要為小事煩惱』。」快樂與痛苦，失敗與成功總是同在。有些東西已成事實，無法改變，這就需要自己安慰自己。

順其自然

有時靜下心來想一想，生活中的許多事情不是我們自己的能力不強，而是自己的願望不切實際。我們要相信自己的才能，當然相信自己的能力並不是強求自己去做一些力所不及的事情，事實上，世間任何事情都有一個限度，超過了這個限度，好多事情都可能是極其荒謬的，順其自然就是了。

本來是一株小草就讓它長成一株小草，是一棵大樹就讓它長成一棵大樹。如果你已經竭盡全力，將生命的潛能全部發揮，那麼，一株小草與一棵大樹都具有同樣的價值，有什麼高下之分呢？

很多人都很在意自己的外貌，在與人交談時，也常常覺得別人在看自己，覺得自己不夠漂亮。時間久了，甚至想避開別人的目光，躲到一個角落去傷心懊惱。這樣做是不對的，別跟自己過不去，要順其自然。我們在面對事情時，應以平常心對待才對。

有這樣一則故事：三伏天，禪院裡的草地枯黃了一大片。

「快撒點草種子吧！好難看啊！」小和尚說。

「等天涼了。」師父揮揮手說：「隨時！」

中秋過後，師父買了一包草籽，叫小和尚去播種。

秋風起，草籽邊撒邊飄。「不好了，好多種子都被吹飛了。」小和尚大聲喊道。

「沒關係，吹走的多半是空的，撒下去也發不了芽。」師父說：「隨性！」

撒完種子，緊接著就飛來幾隻小鳥啄食。「要命了！種子都被鳥吃了！」小和尚急得跳腳。

「沒關係，種子多，吃不完！」師父說：「隨遇！」

半夜一陣驟雨，小和尚早晨衝進禪房：「師父！這下可真完了！好多種子被雨沖走了！」

「沖到哪兒，就在哪兒發！」師父說：「隨緣！」

一個星期過去了，原本光禿禿的地面，居然長出了許多青翠的草苗。一些原來沒播種的角落，也泛出了綠意。

小和尚高興地直拍手。

師父點頭：「隨喜！」

好一句「隨喜」。佛語有云：「世間萬物皆有因果，冥冥中早有註定；凡事不必強求，緣來緣盡，順其自然。」的確，人的一生中有許許多多的目標和理想，有的能達到，有的永遠都達不到，因此，造就了這世上形形色色的人群，有成功的人，也有相對落魄的人。

古代的智者早就提醒過世人：勿以物喜，勿以己悲。沒有永遠的成功，也不存在永久的失敗，關鍵是你的生活態度。而順其自然就是一種最好、最健康的生活態度。

換一個角度看問題，改變人的認知，你就不會跟自己過不去了。有一個年輕人上公共汽車，前面一位中年人踩了他一腳，這個年輕人覺得憤怒到了極點，他此時只有一個想法，上車站穩後，立刻給那位中年人一個耳光。

當他正準備動手時，前面那位中年人好像意識到踩了後面一個人，回頭表示歉意，原來是個瞎子，年輕人的憤怒情緒立刻平息下來，原諒了那位中年瞎子。可以想像，如果那個中年人不是個瞎子，一頓吵罵是不可避免的。

我們每個人不是完人，不是全人，我們不可能什麼事都做到十全十美。我們也可能會犯錯誤，但只要你盡力而為，盡到你的心意，你就沒有必要陷入內疚之中不能自拔，就沒有必要為某種不順之事而耿耿難眠，或為某個假想目標而憤憤不平或憂心忡忡。

2 原諒那些傷害你的人

在我們的生活中，處處有原諒存在，它不僅在我們的生活中，而且還在我們的生命中。

當你劃破手指時，生命原諒了你，它潛意識中的智慧會立刻開始做修補工作，讓新的細胞在傷口處相互重新搭接；如果你誤食了腐爛的食物，生命會原諒你，讓你吐出食物，來保護你；如果你手燒傷了，它會降低浮腫，增加血流量，長出新皮膚、新組織和新細胞。

生命從來不埋怨你，總是原諒你對它的傷害，讓你恢復健康，給你帶來活力和快樂。生命都能原諒你，你難道就不能原諒生活中傷害你的人嗎？

原諒是對傷害的一種寬容，原諒別人能使自己和別人之間建立起一座美好的橋梁。人非聖賢，不能求全責備，對他人無心的傷害或被他人無心傷害都難免發生，因此，我們要盡力原諒他人。

正如天空收容了每一片雲彩，不論其美醜，故天空廣闊無比；高山收容每一塊岩石，不論其大小，故高山雄偉壯觀；大海收容每一朵浪花，不論其清濁，故大海浩瀚無比。而你的寬容，會使你的精神更成熟，心靈更豐盈，所以你的生活才會更美好！

原諒的力量

許多人總是喜歡要求別人原諒自己的過失、失誤，而不去原諒他人的過失、失誤。每個人都有原諒與不原諒別人的權利。但不原諒別人，就得時時惦記別人的過錯，時時為別人的過錯而煩惱。

有的人會說：「誰稀罕你的原諒！」對你的原諒做出鄙夷的態度，進而做出讓你心中想不開的事情來，使你受傷的心靈雪上加霜。這時只有原諒，如果別人在你原諒的情況下感到內疚，你會收穫一份尊敬。如果別人不能察覺自己的錯誤，你也避免了被別人的錯誤影響你的情緒。

清朝乾隆年間，王爾烈離家進京趕考。這一走就是好幾年沒回來，王爾烈有個鄰居趁他不在家時，強占了兩家中間的院牆。這院牆明明是王家的，那個鄰居偏往他家那邊賴。還編了一套一套的理由，死皮賴臉地和王爾烈的妻子吵鬧。

王夫人嚥不了這口氣，就把家中發生的事情一五一十地寫了封信給王爾烈寄去。

這時王爾烈在北京已經當上翰林，皇帝把他留在皇宮裡教小皇上。被人們稱為「老主同年少祖師」的王翰林接到家書，立即提筆寫了回信。

那個鄰居為了賴去院牆，天天找王爾烈妻子的彆扭。王夫人忍氣吞聲，盼望王爾烈能想個辦法。她等啊等，終於盼到了回信。打開一看，信上只寫了幾句話：「千里捎書為一牆，讓他幾尺又何妨？萬里長城今還在，不見當年秦始皇！」短短幾句話表達了王爾烈規勸妻子心胸要開闊，遇事要謙讓。

王夫人理解丈夫的心情，也很尊重丈夫的意見，吩咐家人把相爭的中間牆往後退讓出了一丈遠。

那家人見狀，又高興又感到奇怪，一打聽才得知王爾烈已當上翰林。有人勸說：「人家王爾烈在京教皇書，皇上都敬他三分。也就是王爾烈的為人好，不然，要給州官寫封信，你非得被打得皮開肉綻不可。」

這個人一聽，嚇得不輕。他自知理虧，說道：「世上都是仗勢欺人，可是王翰林有勢力能讓人，我得給王夫人賠禮認錯去。」

王夫人見到這個人前來磕頭請罪，連忙上前扶起，說道：「鄉里鄉親的住著，咱別為一道牆傷了和氣，你能種地就多種點嘛！放心地回去吧，王爾烈的為人大家是知道的，絕不會做仗勢欺人的事兒。」

聽完王夫人一番話，這人十分過意不去，臉臊得像紫蘿蔔似的，而他心裡是又慚愧又感動，回家後，也把院牆朝自家退回一丈。後來，這兩家讓出的兩丈寬的地方成為來往行人的過道了，這條過道就是現今遼陽城裡翰林府旁邊的仁義胡同。

不論任何人，都不可能避免犯錯誤，我們不妨原諒他，就像王爾烈原諒他的鄰居那樣，不但避免了許多麻煩，而且還有了著名的仁義胡同。

原諒一個人是人生最大的美德。人生在世，不可能離群索居，也不可能總是一帆風順。彼此相處，哪怕個個心地善良，也難免會發生磕碰和磨擦。譬如朋友間的誤會、同事間的糾葛、鄰里間的紛爭、夫妻間的爭吵等等。

矛盾是無處不在的，有了矛盾，重要的是能正確面對矛盾，只有正確面對才能很好的化解矛盾。若只是一味斤斤計較，便會自尋煩惱，製造痛苦，徒傷感情，還會結成冤仇。

海不擇細流，故能成其大；山不拒細壤，方能成其高。寬容無處不在。在自然中因為有了海洋的不棄滴水，才有了「海納百川，有容乃大」的波瀾壯闊。因為有了高山不棄寸土，才有泰山的高聳入雲。歷史長河裡，因為有了齊桓公的不計前嫌，才有了齊國的霸主地位。因為有了劉備的三顧茅廬，才有了蜀國天下三分有其一。

總之，只有你原諒了那些傷害你的人，幸福才會永遠伴你左右。

善待自己

我常聽朋友們說：「自己被傷害得太深、次數太多，難以原諒傷害自己的人。」這種人永遠堅持自己是對的，對方是錯的，對事件的解讀常會從主觀且負面的角度出發，覺得自己是一個受害者，往往很難原諒他人，而使自己深陷無盡的受傷與責怪他人的情緒死胡同裡。

如果我們不原諒別人，就永遠無法修復自己的創傷，傷口會繼續潰爛，永不癒合。冤家宜解不宜結，別和自己過不去。

原諒別人也正是善待自己的一種方式。從佛法的觀點來看，假使能發現這種因為怨怒、瞋恨所帶來的身心不安定和痛苦，就能感受這痛苦如枷鎖般地緊緊捆綁心靈不得自在，而發起想要解脫痛苦的心，也才有尋求各種原諒的可能。所以原諒別人就是原諒自己，原諒別人就是善待自己。

在原諒別人的過程中，可以使自己脫離了平庸與俗氣，清靜的心靈中就會湧出快樂的甘泉。常言道：「處世讓一步為高，退步即進步的根本；待人寬一份是福，利人是利己的根基。」

曾經有這樣一個故事：當佛陀在世時，有位「阿闍世」王，為了奪取王位，害死了自己的父王「頻婆娑羅」，自立為王。不久之後，他知道了殺父的罪報後，開始心生悔惱，但是為時已晚。

他開始全身發熱生瘡，臭穢不可聞，經過治療後，病情不但沒有減輕，反而越發嚴重，雖經別人勸請，往佛陀處求取懺悔解救，仍自慚形穢不願去。

然而，頻婆娑羅王雖被兒子殺害，但他生前信佛虔誠，深知身心的虛幻無常，故不僅沒有任何的怨恨，而且在知道兒子的情況後，反而顯靈勸告兒子。告訴他，他是佛陀的弟子，願以佛陀的慈悲來原諒他，而且佛陀就快離開人間了，如果不趕快去，就再也見不到佛陀了。因為除了佛陀能救他，使他不會墮入地獄外，再也沒有任何人可以解救他了。受到父王的原諒和催促，阿闍世王前往求見佛陀，因而得以獲救。

頻婆娑羅王的寬容，真是令人感動，他原諒了兒子對他的傷害，這不僅展現了寬容的真義，而且也使自己的靈魂得到了更進一步的完善，從而更昇華了自己！

只有付出寬容，才能收穫幸福的生活。寬容別人不但是給他人一個改過的機會，也是給自己一個更廣闊的空間！其實在原諒那些傷害你的人的同時，也是對自己的原諒，只有善待自己，才會有幸福美好的生活。

原諒傷害你的人，這是一個不斷在學習中超越自己，超越執著的過程，當我們越能寬容，我們就越淨化自己，使自己越趨向光明的昇華。

「開口便笑，笑古笑今，凡事付之一笑；大肚能容，容天容地，於人何所不容！」對別人的寬容、諒解、真誠，是大家風範的一個標誌，也是善待自己的良方。否則，夫妻間就不會有寬容，整天為一些小事斤斤計較，那也就不能白頭偕老；朋友間沒有寬容就沒有友誼，因為寬容是友誼的前提；領導者寬容，可以使近者親遠者來，人心相通。

一個人如果能原諒了仇人，那胸懷自是不言而喻的。曹操之所以能從僅有幾個子弟兵，到剿滅北方群雄，占據中原，擁有百萬雄軍，與他「山不厭高，海不厭深」的胸懷是分不開的。

在我們的生活中難免會有磕磕碰碰的，難免會出現一些誤會，令你不稱心如意。如果我們每一個人都拿出一份寬容，一份諒解，一份真誠，最終收益的還是我們自己。所以在你原諒別人的同時，就是在原諒你自己，要善待自己就得先善待別人。

總之，讓我們用寬容去架設人生的橋梁，讓彼此間的心靈溝通。我相信走過這座橋，人們的生命就會多一份空間，多一份愛心，人們的生活就會多一份溫暖，多一份陽光。

3 遠離自暴自棄

生活不可能一帆風順，成長的道路上總免不了坑坑窪窪，有失敗也有挫折。我們要想在這個充滿失敗與挫折，競爭激烈的社會中求得生存，就必須擁有把失敗、挫折當作成功的墊腳石，對自暴自棄說再見；有享受失敗，感謝失敗，再去迎接成功的心態。

如果你總是對生活自暴自棄，那麼生活中的一切都會成為你自暴自棄的原因；如果你能堅強的面對生活，生活將會非常美好。要知道，一味地自暴自棄不但於事無補，有時還會使事情變得更糟。所以，不管我們面對什麼困難，我們都不應該自暴自棄，而要靠自己的努力來改變現狀並獲得幸福。

有的人當挫折來臨的時候，總是感到慌亂、恐懼、猶豫，甚至逃避，「這件事我做不了，還是叫別人做吧。」正是這種對待挫折的推諉態度，讓他們一次又一次地品嘗失敗的滋味。他們只夢想著成功，卻從來沒想過自己為什麼失敗。他們像受驚的小鹿一樣盡力避開問題，可是每次他們都發現自己又來到了這些問題的面前。

在生活與工作中，很多問題是繞不開的，如果沒有堅強的意志面對和解決它們，那麼你一生都會與這些問題相伴。

有一個女兒對父親抱怨她的生活，抱怨事事都那麼艱難。她不知該如何應付生活，她開始自暴自棄了。她已厭倦抗爭和奮鬥，好像一個問題剛解決，新的問題就又出現了。

她的父親是位廚師，聽完了女兒的抱怨後，什麼也沒說就把她帶進了廚房。他先往三個鍋裡倒入一些涼水，然後把它們放在旺火上燒。不久鍋裡的水燒開了。他往第一個鍋裡放了根胡蘿蔔，第二個鍋裡放顆雞蛋，最後一個鍋裡放入碾成粉末狀的咖啡豆。他將它們浸入開水中煮，還是一句話也沒有說。

女兒咂咂嘴，不耐煩地等待著，心裡非常納悶，父親這是在做什麼。大約二十分鐘後，水開了，他把火關了，把胡蘿蔔撈出來放入一個碗內，把雞蛋撈出來放入另一個碗內，然後又把咖啡舀到一個杯子裡。做完這些後，他才轉過身問女兒：「親愛的，妳看見什麼了？」

「胡蘿蔔、雞蛋、咖啡。」女兒回答。

他讓女兒靠近些，並讓她用手摸摸胡蘿蔔。她摸了摸，注意到它變軟了。父親又讓女兒拿起雞蛋並打破它。將殼剝掉後，她看到了是顆煮熟的雞蛋。最後，他讓她喝了咖啡。

品嚐到香濃的咖啡，女兒笑了。她怯生生地說道：「父親，這意味著什麼？」

他解釋說，這三樣東西面臨同樣的逆境——煮沸的開水，但其反應各不相同。胡蘿蔔入鍋之前是強壯的，結實的，毫不示弱，但進入開水之後，它卻變軟了，變弱了；雞蛋原來是易碎的，被薄薄的外殼保護著。但是經開水一煮，它變硬了；而粉狀咖啡豆則很獨特，進入沸水之後，它們反倒改變了水。「哪個是妳呢？」他問女兒。「當逆境找上門來時，妳該如何反應？妳是胡蘿蔔，是雞蛋，還是咖啡豆？」

沒有一種生活是完美的，也沒有一種生活會讓一個人完全滿意，我們要讓自己少一些自暴自棄，多一些積極的心態去面對生活中的挫折。因為自暴自棄如果成了一個人的習慣，就像搬起石頭砸自己的腳，於人無益，於己不利，生活就成了牢籠一般，處處不順，處處是挫折；反之，則會明白，勇敢地面對這些挫折，其實這些挫折就是你最大的幸福。

當一首雄渾激昂的《命運交響曲》敲擊著你的心扉時，你也許想起貝多芬——這位遭到命運沉重打擊的音樂巨人。貝多芬一生中經歷了無數次挫折，幾次瀕臨崩潰的境地：度過悲慘的童年生活後，青年時代又孤獨失意，人到中年又不幸雙耳失聰，備受打擊。

但他一直沒有被挫折擊倒，沒有向命運低頭，更沒有對自己自暴自棄，而是從一次又一次失敗、挫折中不斷總結經驗，積累素材，終於創作出世界名曲《命運交響曲》，成為一位聞名世界的音樂巨人。

他能取得如此巨大的成功，難道不是歸功於他有戰勝挫折、不向命運低頭的堅定信念和頑強意志嗎？可以這樣說，他的一生除了挫折就是失敗，但有誰能說他的一生不精彩、不絢麗呢？

人的一生總會遇到一些風風雨雨。要歷經風雨，就必須把自己磨煉成一個對待困難百折不撓的強者，在哪裡跌倒就在哪裡爬起來，不可自暴自棄。只有這樣，才能成為生活的強者。

悠悠人生路，挫折如魔影伴我們而行，讓我們正確的面對挫折，不懼挫折，笑納挫折；面對失敗，不懼失敗，挑戰失敗。相信我們的人生將放射出熠熠奪目的光彩！

4 學會自我欣賞

隨著社會的蓬勃發展，科技的突飛猛進，全面競爭已經成為當今世界不爭的事實。所謂：「物競天擇，適者生存。」若想在社會上占有一席之地，就要學會自我欣賞，學會挖掘自我內在的潛力！

每個人都有優點、長處，懂得自我欣賞的人，才能有良好的自我感覺，才能自信地與人交往，出色地發揮自己的才能和潛力，才能活出自己的價值，做一個有利於社會的人。「天生我材必有用，千金散盡還復來。」至今仍是人們自我鼓勵和激勵他人的至理名言！

自我欣賞意味著自信，自信的人才能用激情燃燒自己，放出光和熱，讓別人看到你勃發的能量，並為之感染。卡內基說過一段耐人尋味的話：「發現你自己，你就是你。記住，地球上沒有和你一樣的人……在這個世界上，你是一種獨特的存在。

「你只能以自己的方式歌唱，只能以自己的方式繪畫。你是你的經驗、你的環境、你的遺傳造就的你。不論好壞與否，你只能耕耘自己的小園地；不論好壞與否，你只能在生命的樂章中奏出自己的音符。」

更好地發揮內在潛力

我們生活在社會中，需要通過完成社會工作的結果，來發現自己身上的特長和不足。學會自我欣賞，就會對自己有一個恰當的、客觀的、全面的評價，而不會因為自己某方面的能力缺陷，懷疑自己的全部能力。

學會欣賞自己，我們才會盡最大努力去面對淒風苦雨，才會更珍惜生命中的每一秒鐘；懂得欣賞自己，我們才會看到自己存在的價值，才會挖掘出自己身上的優點。

馮奈塔很小的時候，就經常在街上和男孩們賽跑，他們多數不是她的對手。上三年級時，湯瑪斯教練將她選入市田徑隊。報到時，教練讓她與隊裡最好的女選手賽跑，結果她輕鬆勝出。

教練把她帶到一邊說：「馮奈塔，妳會成為偉大的田徑運動員，也許是下一個傑西．喬伊娜。」那時馮奈塔並不知道，傑西是美國最偉大的田徑女明星，但她知道湯瑪斯教練培養出很多運動員。

教練告訴她：「但是僅僅跑得快還不夠，妳必須全心投入，要相信自己，相信妳的潛力。」

從那以後，馮奈塔在跑道上，冬練三九，夏練三伏，發誓有朝一日要去奧運會，她知道自己具備這樣的潛力。後來湯瑪斯教練建議她改練跳遠。踏板起跳，騰空飛躍，是多麼美妙的感覺。她立刻愛上了這個項目。從此跳遠成了馮奈塔的全部，中學期間她幾乎沒時間做別的事，連畢業舞會那天晚上她都在參加州錦標賽。

上大四時馮奈塔已經參加了七次全美比賽，排名穩居全國前五名。她將目標瞄準了一九九六年奧運會。「我感覺我的時代就要來到了。」她對男友約翰尼說。

然而距奧運選拔賽僅兩個月時，一次她正在跑道上練習衝刺，突然感覺大腿上仿佛有什麼斷了。結果是左腿肌腱撕裂，對於田徑運動員來說，這簡直是滅頂災難。她堅持參加了預選賽，但只得了第十三名。

馮奈塔並沒有放棄，她對自己說：「要重新振作起來，總有一天會大顯身手的。距離兩千年奧運會還有四年，到那時才二十六歲，正是黃金年齡。如今除了訓練，其他先放放再說。」她從此以後，訓練得比以前更加刻苦。

就在兩千年奧運會選拔賽之前，馮奈塔又在練習中撕裂了韌帶。這一次她完全絕望了，一切努力付諸東流，所有的努力都成為泡影。「十七年的夢想，就這樣完了。」馮奈塔婆娑地向約翰尼傾訴。

「也許還沒完。」約翰尼告訴她，某位女子雙人雪橇運動員正在徵求二〇〇二年冬奧會的搭檔。

「可是我連雙人雪橇什麼樣子都不知道。真的，我是認真的。」

約翰尼說：「主要條件是速度和力量，妳兩者兼備。」以後的兩年，馮奈塔作為雙人雪橇運動員加倍刻苦訓練。她和搭檔吉爾最終得以參加二〇〇二年鹽湖城冬奧會。

「預備……出發！」全程共有十五個轉彎，她們完美地駛過每個彎道，平均時速高達八十二．三英里，最後她們打破紀錄，獲得金牌。

賽後，有人問馮奈塔：「妳曾多次遭遇挫折和磨難，是什麼使妳克服了它們，並獲得了今日的成績的？」

「潛力，人人都擁有它，只要學會自我欣賞，你就會知道它藏身何處。」馮奈塔微笑著回答。

我們要敢於奮力追求實現自身價值，敢於去行動，激發自己的潛力，去掙脫人性的枷鎖，駕馭人生的座標，讓自己養成一種奮進、攀登的習慣，不要讓那些外在的環境成為我們前進路上的絆腳石。

著名詩人海子曾經說過：「生命是一個大於我的存在。」我們活著就必須有自己的生活信念、人生宗旨。我們可以追求轟轟烈烈、名垂青史的人生，可以固守「寧靜以致遠、淡泊以明志」，甚至還可以遵循老子的「無為」思想。

存在決定價值，我們每個人都有權利按照自己的意願去選擇所需的生活方式，但千萬不要讓自己的人生在庸碌無為中度過。

學會自我欣賞，學會在無人喝彩的時候能照樣前行，而且行得更好。學會欣賞自己，我們才會在不斷的進步中超越自我，才能在不懈的跋涉中完善人生。一個人不懂得欣賞自己、接納自己，老是以懷疑的、否定的態度看待自己，就有可能限制甚至扼殺自己的生命力。

欣賞自己，才會欣賞他人

自我欣賞就是不再以別人的標準來判斷自己，而是建立起自己的價值觀，然後付諸生活。

威廉・詹姆斯說：「人性中最深切的心理動機，是被人賞識的渴望。」其實，欣賞與被欣賞是一種互動的力量之源，學會欣賞自己，就會減少不必要的自我責備，有了自我接受，才會用一種欣賞的眼光去注意你周圍的每一個人。你會發現，他們身上有許多可愛的地方值得我們讚美和學習。

托尼是一戶佃農的孩子，在他十二歲的時候，為了賺零用錢，每天放學後都要到一個闊太太家做鐘點工。工作進行得很不順利，因為他根本就不知道怎麼做。女主人家的地板要用特殊的木油精清洗，然後打蠟；不同材料的傢俱各有一套清潔劑和上光劑。洗衣服就更麻煩了，什麼不能燙，什麼不能攪乾……這些都是普通藍領工人家裡沒有的規矩。

雖然要求很多，托尼的工錢卻很低。好幾次，他想辭掉這份工作，但是鎮上再沒有人會雇用一個十幾歲的孩子，丟了這份工作，他就沒有任何收入，對他來說，每週那幾個銅板是多麼的珍貴。

有一天，他實在忍不住向父親抱怨起來：「這份工作又累，工錢又少得可憐，最糟糕的是，布郎太太總在挑我毛病。聽說她家隔幾天就會換一個鐘點工，我也快受不了了。」

爸爸放下手中的活，平靜地說：「你每天工作的時間只占生活的一小部分，你不是『擦地板』，你也不是『洗衣服』，你是你自己。布郎太太批評的是你

『擦地板』和『洗衣服』的方式，而不是你本人。

如果你不想做就去辭掉，但是，假如你想做，就要好好努力。孩子，要學會欣賞自我，欣賞自己的價值，欣賞自己所得到的成果。決定工作好壞的是你，而不要讓好的或是壞的工作左右你。記住，把工作做得漂亮不是為了布郎太太，而是為了你自己。」

第二天，托尼又做起了鐘點工。但是，在他的眼裡，布郎太太不再是個苛刻的雇主，而是能讓他把工作做得更好的老師。每次被提出毛病的時候，托尼都會欣然地接受，因為他明白，這些批評都不是針對他本人。

漸漸地，女主人改變了對托尼的態度，使他學會了很多東西。托尼在布郎家待了整整兩年，直到畢業才離開。

所以，不妨把你的掌聲送給他人，用你的方式去欣賞他人，去分享他人的快樂。其實，讓自己和他人快樂起來的道理很簡單，那就是學會相互欣賞。欣賞啟動創造力，創造力帶給人快樂，快樂增強信心，信心提高生活品質。如果我們都能用一種欣賞的眼光去善待自己和身邊的每一個朋友，世界一定會更加美好。

學會自我欣賞，首先要學會愛自己。但是你必須先瞭解自己，瞭解自己之後才知道如何愛自己。

其次，要培養自信，多做些你有信心可以完成的事，因為使自己完美的另一個要素就是「自信」。你將會更加清楚地認識自己的價值，一個有價值又有自信的人怎麼會沒有魅力呢？但是，要明晰自信和自負之間的區別，自信是相信「我們都可以做到」，自負卻是「只有我能做到」。

再次，要培養自己優雅的舉止。優雅不是「矯揉造作」，優雅是「以最少的能量創造最大的效益」。仔細注意鏡中的自己，看看自己的舉止是否得體，微笑是否宜人，大膽地對自己品頭論足一番，你如何觀察別人，就如何觀察自己。你要使自己看起來優雅脫俗，氣度不凡，你才會成為別人眼中的一抹亮色。

最後，要讓自己成為樂觀的人。瞭解自己本質的人都是樂觀的，因為他們明白「真、善、美」是一體的，他們決定活在真理當中，同時，他們也活在「美」中。

能夠做到自我欣賞其實很不容易。自己身上到底有什麼值得欣賞的東西呢？

其實，不是沒有，而是有很多，只是自己沒有發現。學會自我欣賞，懂得自我欣賞，便是發現自己、更全面地瞭解自己，這樣才能更好地完善自己，把自己投入到鑄就輝煌的熔爐之中。把自卑煉成自信，把不滿鍛造成奮爭，把孤傲揮灑成謙遜，把委屈昇華成振奮，把失意擠壓成動力，把挫折錘打成練達。

自我欣賞並不是唯我獨尊的狂妄不羈，也不是藐視一切的孤芳自賞，它只屬於一種醒悟，一種境地，一種面對困難能給予自己信心的源泉，一種推動自己向挫折挑戰的動力。

所以，我們必須學會欣賞自己，只有不斷欣賞自己，從中發現優點，改正缺點，在欣賞中不斷充實自己，完善自己，才會使自己站得更高，走得更遠。

如果能做到欣賞自己，那麼，我們渾身上下就會洋溢著蓬勃的活力，就會樂觀、自信、勇敢地面對生活。

5 讓自己放輕鬆

人的生活是豐富多彩的，但也難免會存在各種形形色色的壓力。所以現代人總是脫口而出：「如今的生活壓力太大。」如何才能讓自己活得輕鬆一些，我們是不是應該釋放一些壓力？人生苦短，匆匆幾十年，如果都被一個「累」字包圍著，我們豈不活得太冤。為何不讓自己活得輕鬆點！

所謂的壓力，很多時候都是自己給自己加上的砝碼。其實，對於很多事情，我們只要做到量力而行就可以了，不必刻意勉強自己做無法做到的事，那樣只會給自己帶來懊惱與失望。當為生活奔波感到無奈的時候，何不讓自己輕鬆一下，生活的節奏平穩一點，讓自己活得更灑脫一點呢？

由於人們的心理承受力各不相同，壓力對每個人可能造成的身心損傷程度自然也不同。社會生活的外因只是導火線，真正加劇人們心理壓力的是自身的心理健康狀態。

要想減輕心理壓力，就要加強自身心理狀態的調適，然後想辦法找出能使自己解脫的方式，永遠與那些曾令自己不快的過去隔離，培育出自己新的可寄託的愛好。告誡自己要珍惜自己，不要因一些無故的壓力放縱或拋棄自己，要學會積極地釋放壓力，在釋放中還要學會適應壓力。

在加拿大的魁北克有一個南北走向的山谷，冬天時常有人來這裡滑雪。一九八三年的冬天，有對夫婦來到這個山谷滑雪，正在這時，天下起了大雪。

當他們支起帳篷，望著漫天飛舞的大雪時突然發現，由於特殊的風向，東坡的雪總比西坡的雪來得大，來得密，不一會兒，雪松上就落滿了厚厚一層雪。不過，當雪積到一定程度時，雪松那富有生氣的枝椏就會向下彎曲，直到雪從枝頭滑落。這樣反復地積，反復地落，雪松完好無損。

可其他的樹，如那些柘樹，因沒有這個本領，樹枝壓斷了。西坡由於雪小，有些樹挺了過來，所以西坡除了雪松，還有柘樹、女貞之類。

帳篷中的妻子發現了這一景觀，對丈夫說：「東坡肯定也長過雜樹，只是不會彎曲才被大雪摧毀了。」丈夫點頭稱是，並興奮地說：「我們揭開了一個秘密——對於外界的壓力要盡可能地去承受，在承受不了的時候，要像雪松一樣，學會彎曲，學會給自己減輕壓力。」

我們的身體裡充滿了大量的被壓制的情緒，這一事實潛在的後果是：被壓制的壓力會產生生理上的反作用，直接把我們的身體擊垮，使我們易於患病。因此，學會如何解壓是當我們面對壓力時必須具備的一項能力。

1.用積極的態度面對壓力

在充滿競爭的都市裡，每個人都會或多或少地遇到各種壓力。可是，壓力可以是阻力，也可以變為動力，就看自己如何去面對。

社會是在不斷進步的，人在其中不進則退。所以當遇到壓力時，明智的辦法是採取一種比較積極的態度來面對。實在承受不了的時候，也不讓自己陷入其中，可以通過看看書、聽聽音樂等，讓心情慢慢放鬆下來，再重新去面對。到這時往往就會發現壓力其實也沒那麼大。

2.增強信心，提高對壓力的承受能力

為此，應當加強意志和魄力的訓練，培養自己不畏強手，敢於拼搏的精神。

3.減壓先要解開心結

有一則小寓言，說有一種小蟲子很喜歡撿東西，在牠所爬過的路上，只要是能碰到的東西，牠都會撿起來放在背上，最後，小蟲子被身上的重物壓死了。假如人能學會取捨，學會輕裝上陣，學會善待自己，凡事不跟自己較勁，甚至學會傾訴、發洩、釋放自己，人還會被生活壓趴下嗎？

4.適度轉移和釋放壓力

面對壓力，轉移是一種最好的辦法。壓力太重背不動了，那就放下來不去想它，把注意力轉到讓你輕鬆快樂的事上來。等心態調整平和以後，已經堅強起來的你，還會害怕你面前的壓力嗎？比如做一下運動，運動能使你很好地發洩，運動完之後你會感到很輕鬆，這樣就可以把壓力釋放出去。

5.對壓力心存感激

人生怎能沒有壓力？的確，想想並不曲折的人生道路，升學、就業、跳槽，從偏遠的鄉村走向繁華的都市，我們的每一個足跡都是在壓力下走過的。沒有壓力，我們的生活也許會是另外一個模樣。當我們盡情享受生活的樂趣的時候，都應該對當初讓我們曾經頭疼不已的壓力心存一份感激。

此外，你還可以通過改善自己的生活習慣和環境來抒發壓力，像是重新佈置安排自己的辦公環境及居家用品擺設等，要力爭給自己一個全新的感覺，仿佛一切已重新開始。養成良好的起居習慣，必須要自己主宰自己，有一種給自己當家做主的榮耀，以從中慢慢感受到在壓力面前自己的力量。

總之，要減輕壓力，就要自己振作，樹立起自信心，以增添自己應對壓力的能力。

6 寬恕多一點，快樂多一點

有位著名的哲人曾說過：「一隻腳踩扁了紫羅蘭，它卻把香留在那腳跟上，這就是寬恕。」上蒼造物，何等超絕，在賦予生命的同時，也賦予了一顆寬恕的心，就像那紫羅蘭，從不拿別人的缺點懲罰自己。

人生一世，草木一秋，每個人都會有各種各樣意想不到的遭遇，只要我們時刻都能秉持一顆寬恕的心，就可以隨時隨地獲得快樂。

常聽有人說：「我不能寬恕你，我恨你。」這樣的說法不僅給對方帶來不快，更使自己不快。因為「仇恨」是世界上最愚癡的行為，打倒它的唯一辦法就是拿起寬恕這個武器。

寬恕是一種品性，也是一種能力；寬恕是深藏愛心的體諒，是對生命的洞見；寬恕不僅是一種雅量、文明、胸懷，更是一種人生的境界，寬恕是幸福！寬恕了別人就等於寬容了自己，寬恕的同時，也在創造著生命的美麗。

在我們的生活中，往往有很多愛恨情仇，恩恩怨怨，那麼，怎麼才可以化解這些恩怨呢？唯一消除這些恩怨的辦法就是寬恕，唯有懂得寬恕別人，才能得到真正的快樂。佛陀曾說過：「如果一個人的快樂，是希望從別人身上去獲得，那會比一個乞丐沿門托缽還更痛苦。」

不懂得寬恕別人，就等於拿別人的錯誤來懲罰自己，那他就永遠不會得到心靈的安寧。寬恕別人，就是給自己心中留下空間，以便迴旋。仇恨永遠不能化解仇恨，只有用寬恕與慈悲才能化解仇恨，這是永恆的至理。寬恕與慈悲是你消滅身邊敵人的最好武器。

有一則這樣的小故事：

一個小和尚過獨木橋，剛走了幾步就看到橋對面走來一個大著肚子的孕婦。小和尚見此情景，便很有禮貌地轉回橋頭，讓孕婦先過了橋。

等到孕婦過完了橋，小和尚又抬步走上了獨木橋。很不巧，在走到橋中央時，他又遇到了一位挑柴的樵夫。小和尚歎了口氣，便又折回橋頭給樵夫讓路。

等樵夫過了橋，小和尚不敢再次貿然上橋，他在橋的這一頭，等著橋那邊的人都一一過來，再無人過橋時，才又重新上橋。

可是，當小和尚就要走完獨木橋時，迎面又趕來一位推著獨輪車的農夫也要過橋。眼看就要過橋了，這次小和尚可不想再給人讓路了。兩人互不相讓，話不投機，開始爭吵起來。

就在這時，河面上划來一葉小舟，舟上坐著一個老和尚。橋上的兩人正相持不下，見此情景便不約而同開口請老和尚來為他們評評理。

老和尚把舟停下，看了看農夫，問他：「你真的急著過橋嗎？」

農夫答：「當然，要是再晚，我就趕不上集了。」

老和尚說：「你既然急著去趕集，為什麼不趕快給小和尚讓路呢？你只要退幾步，那小和尚就能過橋了，小和尚過了橋，你不就能順利過橋了嗎？」

農夫聽後，一言不發。老和尚笑笑又問那小和尚：「你為什麼不給這農夫讓路呢，就是因為你快到橋頭了嗎？」

小和尚說：「在此之前我已經給許多人讓了路，如果繼續再給這農夫讓路，我便過不了橋了。」

「那你現在就能過去嗎？」老和尚反問他，「既然你已經給那麼多人讓了路，再讓一次，也不嫌多，出家人多行善事，何樂而不為呢？」

小和尚一時間紅了臉，無言以對。

當我們在人生的旅途中，遇到荊棘叢生和困難時，最需要別人的幫助，當別人無意中給自己帶來不利時，最需要的是寬恕。懂得寬恕別人的人，是不會嫌棄自己寬恕的人太多，因為在他寬恕別人的同時，自己也得到了寬恕，得到了快樂，寬恕越多快樂越多。

過於苛求別人或苛求自己的人，必定處於緊張的心理狀態之中。而一旦寬容別人之後，心理上便會經過一次巨大的轉變和淨化過程，使人際關係出現新的轉機，諸多憂愁煩悶可以得到避免和消除。寬恕，意味著你不再為他人的錯誤而懲罰自己。

寬恕地對待你的對手，在非原則問題上以大局為重，你會得到退一步海闊天空的喜悅，化干戈為玉帛的喜悅，人與人相互理解的喜悅。在這個世界上，每個人走著自己的生命之路，但紛紛擾擾，難免有碰撞和衝突，如果冤冤相報，非但撫平不了心中的創傷，而且只能給受傷的心撒下一把鹽。

還記得海明威的小說《世界之都》裡的住在西班牙的那對父子嗎？他們經過一連串的事情後，關係變得異常緊張。後來，男孩選擇離家而去。父親心急如焚地尋找他，可是怎麼也沒找到。

再後來，他在馬德里的報紙上刊登尋人啟事。尋人啟事上寫著：「親愛的帕科，爸爸明天在馬德里日報社前等你。一切既往不咎。我愛你。」隔天中午，報社門口來了八百多個等待寬恕的「帕科」們。

世上有無數的人在等待別人的寬恕。寬恕的受益人不只是被寬恕者，還有和他們一樣多的人可以得到好處——就是那些寬恕他們的人。寬恕是一座讓我們遠離痛苦、心碎、絕望、憤怒和傷害的橋。在橋的那一端，平靜、喜悅、祥和正等著迎接我們。

二戰期間，一支部隊在森林中與敵軍相遇，激戰後兩名戰士失去了聯繫。這兩名戰士都是來自同一個小鎮，但他們相互都不認識。

兩人在森林中艱難跋涉，他們互相鼓勵、互相安慰。十多天過去了，仍未與部隊聯繫上。這一天，他們打死了一隻鹿，依靠鹿肉又艱難地度過了幾天。也許是戰爭使動物四散奔逃或被殺光，這以後他們再也沒看過任何動物。他們僅剩下的一點鹿肉，背在年輕戰士的身上。

這一天，他們在森林又一次與敵人相遇，經過一次又一次的激戰，他們終於巧妙地避開了敵人。就在他們以為安全的時候，忽然聽見了一聲槍響，走在前面的年輕戰士中了一槍——幸虧傷在肩膀上！後面的士兵惶恐地跑了過來，他害怕得語無倫次，抱著戰友的身體淚流不止，並趕快把自己的襯衣撕下包紮戰友的傷口。

晚上，未受傷的士兵——一直念叨著母親的名字，兩眼直勾勾的。他們都以為他們熬不過這一關了，儘管饑餓難忍，可他們誰也沒動過身邊的鹿肉。天知道他們是怎麼捱過那一夜。第二天，部隊救出了他們。

事隔三年，那位受傷的戰士安德森說：「我知道誰開的那一槍，他就是我的戰友。當時在他抱我時，我碰到他發熱的槍管。我怎麼也不明白，他為什麼對我開槍？但當晚我就寬容了他。我知道他想獨吞鹿肉，我也知道他想為了他母親活下去。

「此後三十年，我假裝根本不知道此事，也從不提及。戰爭太殘酷了，他母親還是沒有等到他回來，我和他一起祭奠了老人家。那一天，他跪下來，請求我原諒他，我沒讓他說下去。我們又做了幾十年的朋友，我寬容了他。」

一個人，能容忍他人的固執己見、自以為是、傲慢無禮、狂妄無知，但卻很難容忍對自己的惡意誹謗和致命的傷害。但唯有以德報怨，把傷害留給自己，讓世界少一些仇恨，少一些不幸，回歸溫馨、仁慈、友善與祥和，才是寬容的至高境界。

以寬容的心來待人接物，不為貪、瞋、癡的煩惱所束縛，我們的心便能時刻自在、光明、清淨；心胸廣大，寬容慈忍，放下執著計較的心，領悟生命的內涵，便能站到比別人更高的位置，看起問題和處理事情也會比別人更加透徹，還會使你走出生命固有的盲區，由此成為生活的智者。

有了寬容之心，必然就不怕吃虧，俗話說得好——吃虧是福。在與人交往之時，倘若有一顆寬容之心，不計較得失與付出的多少，必然能收穫一個好友與一份好的心情，予人快樂即予己快樂。

7 走自己的路，活出自己的精彩

人生有太多曲折，它需要我們去探索，我們活著的意義在於，從來到這個世界，就開始走自己的路，因為能夠幫助自己的只有自己。永遠記住，我們一直是在走自己的路，要活出自己的幸福。

一個人來到這世間，就像一片葉子一樣，沒有完全相同的。有飛黃騰達的，也有流落街頭的；有腰纏萬貫的，也有一文不名的。但是，我們並不羨慕任何人，更不要把自己的幸福寄託在別人的身上，這是一種可笑的行為。

所以，不管你是什麼人，如果你要獨自面對自己，首先你得有自己的骨氣，開創自己的路，不管前途多麼渺茫，你只管走就是了，一定要活出自己的幸福。

人的一生應該為自己而活，學著喜歡自己，不要太在意別人怎麼看或怎麼說，別和自己過不去，要活出自己的幸福。女畫家席慕蓉以至性為人稱道，她的「只要建立快樂的人生，快樂的人生人人可得」的經驗使人豁然領悟。下面是她對幸福的一次演講：

我認識的人不少，有很多人不快樂。尤其大多數女性，因為先天就比較敏感、比較容易受傷，受了傷後又不容易忘記，所以常常過得很不快樂。

舉一個例子來說，十六七歲的女孩兒臉上充滿了青春的光彩，無論怎麼站、怎麼坐、怎麼跑、怎麼笑、怎麼哭，看起來都非常惹人憐愛。我的學生都是這年齡，我看她們每個人都很好看，可是，她們卻沒有一個人是知足的。

有的人覺得自己皮膚太黑，有的人覺得自己長得太矮，有的人覺得自己眼睛太小，有的人又覺得自己嘴巴太大……

其實，我在她們那個年齡的時候，也不太快樂，心裡總是羨慕那些又秀氣又安靜的女同學，覺得自己非常浮躁，非常不像女孩兒。

有一天我下定決心，我想把自己訓練成一個安靜端莊的淑女，那時候，我才二十多歲。

於是在一個週末，從布魯塞爾坐火車到魯汶大學城的中學生中心的時候，我已經準備好了。到了那裡，聚會還沒開始，我就到小圖書館去看中文報紙。我坐下後，一位男同學走了進來，於是，我就用我準備好的態度應付他。在他向我問了一聲好以後，我輕輕地回答了一聲：「你好。」微笑了一點點，然後就低下頭去看報紙。那個同學怔了一下，一會兒就走出去了。

然後，又進來一個男同學，興高采烈地向我打招呼，我也仍然兵來將擋，用我很文雅的姿勢向他道了個好，他在身邊站一會兒又出去了。後來，進來了第三位男同學，同樣的情形，他也很快跑出去了。我仍然很優雅地看我的報紙，覺得改造自己的第一個回合已經成功了。

可是，一會兒，那三個男生一起來了，看了我半天，然後問我：「席慕蓉，妳是不是生病了？」原來，他們三人在門外商量了半天，覺得我今天很不對勁，所以三個人一起進來問我。

我很生氣地告訴他們我改造自己的計畫，而且我又犯了毛病，站起來很大聲地告訴他們：「我準備以後就要以這樣的態度來過我的日子，實現我的理想。」

想不到他們三人聽了我的話，竟然哈哈大笑起來。我實在很生氣，覺得他們一點也不瞭解我。

他們笑完之後，跟我說：「我們喜歡妳就是因為妳愛說、愛笑，跟妳在一起我們都覺得很快樂，因為妳有一種快樂的本性，可以影響妳周圍的人。妳如果一定要改變，要做作，就會讓人覺得很可惜了。」

從那天開始，我心裡就很坦然了，原來愛說、愛笑也是一種美，生活原來可以有很多不同的方式。人的一生應該為自己而活，應該學著喜歡自己，不要太在意別人怎麼看，或者別人怎麼想。其實，別人如何衡量你也全在於你自己如何衡量你自己！

大千世界，芸芸眾生，一個人一種活法，無論是誰，都有自己的生活方式，有自己的生活原則，因而，這個世界才多姿多采。古人說：「凡事豈能盡如人意，但求無愧我心。」只要自己的生活方式不違背社會的總體需要和規律，就無須在意別人的說三道四。要活出你自己的幸福。

人生百年，只有幸福才是一生的追求。所有的財富是生不帶來死不帶去，只有快樂可以陪伴你到最後，當最後一口空氣呼出的時候，如果臉上蕩漾著微笑，這一生也就值了。

感謝那些曾經愛過你、恨過你的人，感謝那些曾經傷害你的人，感謝那些一路陪你走過來的人，感謝身邊每一個對你有著或深或淺交往的人，因為他們，你的人生精彩過，因為他們，你一路並不孤單！

大都會文化圖書目錄

●度小月系列

路邊攤賺大錢【搶錢篇】	280 元	路邊攤賺大錢 2【奇蹟篇】	280 元
路邊攤賺大錢 3【致富篇】	280 元	路邊攤賺大錢 4【飾品配件篇】	280 元
路邊攤賺大錢 5【清涼美食篇】	280 元	路邊攤賺大錢 6【異國美食篇】	280 元
路邊攤賺大錢 7【元氣早餐篇】	280 元	路邊攤賺大錢 8【養生進補篇】	280 元
路邊攤賺大錢 9【加盟篇】	280 元	路邊攤賺大錢 10【中部搶錢篇】	280 元
路邊攤賺大錢 11【賺翻篇】	280 元	路邊攤賺大錢 12【大排長龍篇】	280 元
路邊攤賺大錢 13【人氣推薦篇】	280 元	路邊攤賺大錢 14【精華篇】	280 元

●寵物當家系列

Smart 養狗寶典	380 元	Smart 養貓寶典	380 元
貓咪玩具魔法 DIY—讓牠快樂起舞的 55 種方法	220 元	愛犬造型魔法書—讓你的寶貝漂亮一下	260 元
漂亮寶貝在你家—寵物流行精品 DIY	220 元	我的陽光 ‧ 我的寶貝—寵物真情物語	220 元
我家有隻麝香豬—養豬完全攻略	220 元	SMART 養狗寶典（平裝版）	250 元
生肖星座招財狗	200 元	SMART 養貓寶典（平裝版）	250 元
SMART 養兔寶典	280 元	熱帶魚寶典	350 元
Good Dog—聰明飼主的愛犬訓練手冊	250 元	愛犬特訓班	280 元
City Dog—時尚飼主的愛犬教養書	280 元	愛犬的美味健康煮	250 元
Know Your Dog—愛犬完全教養事典	320 元		

●心靈特區系列

每一片刻都是重生	220 元	給大腦洗個澡	220 元
成功方與圓—改變一生的處世智慧	220 元	轉個彎路更寬	199 元
課本上學不到的 33 條人生經驗	149 元	絕對管用的 38 條職場致勝法則	149 元
從窮人進化到富人的 29 條處事智慧	149 元	成長三部曲	299 元
心態—成功的人就是和你不一樣	180 元	當成功遇見你—迎向陽光的信心與勇氣	180 元
改變，做對的事	180 元	智慧沙	199 元（原價 300 元）
課堂上學不到的 100 條人生經驗	199 元（原價 300 元）	不可不防的 13 種人	199 元（原價 300 元）
不可不知的職場叢林法則	199 元（原價 300 元）	打開心裡的門窗	200 元
不可不慎的面子問題	199 元（原價 300 元）	交心—別讓誤會成為拓展人脈的絆腳石	199 元

方圓道	199 元	12 天改變一生	199 元（原價 280 元）
氣度決定寬度	220 元	轉念—扭轉逆境的智慧	220 元
氣度決定寬度 2	220 元	逆轉勝—發現在逆境中成長的智慧	199 元（原價 300 元）
智慧沙 2	199 元	好心態，好自在	220 元
生活是一種態度	220 元	要做事，先做人	220 元
忍的智慧	220 元	交際是一種習慣	220 元
溝通—沒有解不開的結	220 元	愛の練習曲—與最親的人快樂相處	220 元
有一種財富叫智慧	199 元	幸福，從改變態度開始	220 元

● SUCCESS 系列

七大狂銷戰略	220 元	打造一整年的好業績—店面經營的 72 堂課	200 元
超級記憶術—改變一生的學習方式	199 元	管理的鋼盔—商戰存活與突圍的 25 個必勝錦囊	200 元
搞什麼行銷— 152 個商戰關鍵報告	220 元	精明人聰明人明白人—態度決定你的成敗	200 元
人脈＝錢脈—改變一生的人際關係經營術	180 元	週一清晨的領導課	160 元
搶救貧窮大作戰？ 48 條絕對法則	220 元	搜驚 ‧ 搜精 ‧ 搜金—從 Google 的致富傳奇中，你學到了什麼？	199 元
絕對中國製造的 58 個管理智慧	200 元	客人在哪裡？—決定你業績倍增的關鍵細節	200 元
殺出紅海—漂亮勝出的 104 個商戰奇謀	220 元	商戰奇謀 36 計—現代企業生存寶典 I	180 元
商戰奇謀 36 計—現代企業生存寶典 II	180 元	商戰奇謀 36 計—現代企業生存寶典 III	180 元
幸福家庭的理財計畫	250 元	巨賈定律—商戰奇謀 36 計	498 元
有錢真好！輕鬆理財的 10 種態度	200 元	創意決定優勢	180 元
我在華爾街的日子	220 元	贏在關係—勇闖職場的人際關係經營術	180 元
買單！一次就搞定的談判技巧	199 元（原價 300 元）	你在說什麼？—39 歲前一定要學會的 66 種溝通技巧	220 元
與失敗有約—13 張讓你遠離成功的入場券	220 元	職場 AQ —激化你的工作 DNA	220 元
智取—商場上一定要知道的 55 件事	220 元	鏢局—現代企業的江湖式生存	220 元
到中國開店正夯《餐飲休閒篇》	250 元	勝出！—抓住富人的 58 個黃金錦囊	220 元
搶賺人民幣的金雞母	250 元	創造價值—讓自己升值的 13 個秘訣	220 元
李嘉誠談做人做事做生意	220 元	超級記憶術（紀念版）	199 元
執行力—現代企業的江湖式生存	220 元	打造一整年的好業績—店面經營的 72 堂課	220 元
週一清晨的領導課（二版）	199 元	把生意做大	220 元

李嘉誠再談做人做事做生意	220 元	好感力一辦公室 C 咖出頭天的生存術	220 元
業務力一銷售天王 VS. 三天陣亡	220 元	人脈＝錢脈一改變一生的人際關係經營術（平裝紀念版）	199 元
活出競爭力一讓未來再發光的 4 堂課	220 元	選對人，做對事	220 元
先做人，後做事	220 元		

●都會健康館系列

秋養生一二十四節氣養生經	220 元	春養生一二十四節氣養生經	220 元
夏養生一二十四節氣養生經	220 元	冬養生一二十四節氣養生經	220 元
春夏秋冬養生套書	699 元（原價 880 元）	寒天一 0 卡路里的健康瘦身新主張	200 元
地中海纖體美人湯飲	220 元	居家急救百科	399 元（原價 550 元）
病由心生一 365 天的健康生活方式	220 元	輕盈食尚一健康腸道的排毒食方	220 元
樂活，慢活，愛生活一健康原味生活 501 種方式	250 元	24 節氣養生食方	250 元
24 節氣養生藥方	250 元	元氣生活一日の舒暢活力	180 元
元氣生活一夜の平靜作息	180 元	自療一馬悅凌教你管好自己的健康	250 元
居家急救百科（平裝）	299 元	秋養生一二十四節氣養生經	220 元
冬養生一二十四節氣養生經	220 元	春養生一二十四節氣養生經	220 元
夏養生一二十四節氣養生經	220 元	遠離過敏一打造健康的居家環境	280 元
溫度決定生老病死	250 元	馬悅凌細說問診單	250 元
你的身體會說話	250 元	春夏秋冬養生一二十四節氣養生經（二版）	699 元
情緒決定你的健康一無病無痛快樂活到 100 歲	250 元		

● CHOICE 系列

入侵鹿耳門	280 元	蒲公英與我一聽我說說畫	220 元
入侵鹿耳門（新版）	199 元	舊時月色（上輯＋下輯）	各 180 元
清塘荷韻	280 元	飲食男女	200 元
梅朝榮品諸葛亮	280 元	老子的部落格	250 元
孔子的部落格	250 元	翡冷翠山居閒話	250 元
大智若愚	250 元	野草	250 元
清塘荷韻（二版）	280 元	舊時月色（二版）	280 元

●大旗藏史館

大清皇權遊戲	250 元	大清后妃傳奇	250 元

大清官宦沉浮	250 元	大清才子命運	250 元
開國大帝	220 元	圖說歷史故事—先秦	250 元
圖說歷史故事—秦漢魏晉南北朝	250 元	圖說歷史故事—隋唐五代兩宋	250 元
圖說歷史故事—元明清	250 元	中華歷代戰神	220 元
圖說歷史故事全集	880 元（原價 1000 元）	人類簡史—我們這三百萬年	280 元
世界十大傳奇帝王	280 元	中國十大傳奇帝王	280 元
歷史不忍細讀	250 元	歷史不忍細讀 II	250 元
中外 20 大傳奇帝王（全兩冊）	490 元		

●大都會手作館

樂活，從手作香皂開始	220 元	Home Spa & Bath —玩美女人肌膚的水嫩體驗	250 元
愛犬的宅生活— 50 種私房手作雜貨	250 元	Candles 的異想世界—不思議の手作蠟燭魔法書	280 元
愛犬的幸福教室—四季創意手作 50 賞	280 元		

●世界風華館

環球國家地理 · 歐洲（黃金典藏版）	250 元	環球國家地理 · 亞洲 · 大洋洲（黃金典藏版）	250 元
環球國家地理 · 非洲 · 美洲 · 兩極（黃金典藏版）	250 元	中國國家地理 · 華北 · 華東（黃金典藏版）	250 元
中國國家地理 · 中南 · 西南（黃金典藏版）	250 元	中國國家地理 · 東北 · 西東 · 港澳（黃金典藏版）	250 元
中國最美的 96 個度假天堂	250 元	非去不可的 100 個旅遊勝地 · 世界篇	250 元
非去不可的 100 個旅遊勝地 · 中國篇	250 元	環球國家地理【全集】	660 元
中國國家地理【全集】	660 元	非去不可的 100 個旅遊勝地（全二冊）	450 元
全球最美的地方—漫遊美國	250 元		

● STORY 系列

失聯的飛行員—一封來自 30,000 英呎高空的信	220 元	Oh, My God! —阿波羅的倫敦愛情故事	280 元
國家寶藏 1 —天國謎墓	199 元	國家寶藏 2 —天國謎墓 II	199 元
國家寶藏 3 —南海鬼谷	199 元	國家寶藏 4 —南海鬼谷 II	199 元
國家寶藏 5 —樓蘭奇宮	199 元	國家寶藏 6 —樓蘭奇宮 II	199 元
國家寶藏 7 —關中神陵	199 元	國家寶藏 8 —關中神陵 II	199 元
國球的眼淚	250 元		

● FOCUS 系列

中國誠信報告	250 元	中國誠信的背後	250 元
誠信—中國誠信報告	250 元	龍行天下—中國製造未來十年新格局	250 元
金融海嘯中，那些人與事	280 元	世紀大審—從權力之巔到階下之囚	250 元

●禮物書系列

印象花園 梵谷	160 元	印象花園 莫內	160 元
印象花園 高更	160 元	印象花園 竇加	160 元
印象花園 雷諾瓦	160 元	印象花園 大衛	160 元
印象花園 畢卡索	160 元	印象花園 達文西	160 元
印象花園 米開朗基羅	160 元	印象花園 拉斐爾	160 元
印象花園 林布蘭特	160 元	印象花園 米勒	160 元
絮語說相思 情有獨鍾	200 元		

●精緻生活系列

女人窺心事	120 元	另類費洛蒙	180 元
花落	180 元		

● CITY MALL 系列

別懷疑！我就是馬克大夫	200 元	愛情詭話	170 元
唉呀！真尷尬	200 元	就是要賴在演藝	180 元

菩提樹下的禮物——改變千萬人的生活智慧

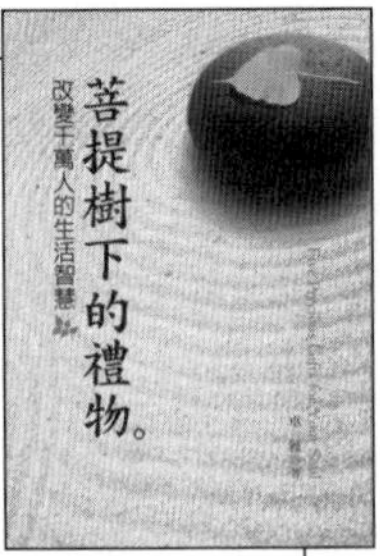

作　　者	卓　雅
發 行 人	林敬彬
主　　編	楊安瑜
編　　輯	李彥蓉
內頁編排	帛格有限公司
封面設計	101廣告有限公司
出　　版	大都會文化事業有限公司　行政院新聞局北市業字第89號
發　　行	大都會文化事業有限公司 11051台北市信義區基隆路一段432號4樓之9 讀者服務專線：(02)27235216 讀者服務傳真：(02)27235220 電子郵件信箱：metro@ms21.hinet.net 網　　址：www.metrobook.com.tw
郵政劃撥	14050529 大都會文化事業有限公司
出版日期	2010年7月初版一刷
定　　價	250元
ISBN	978-986-6846-93-9
書　　號	Growth-035

4F-9, Double Hero Bldg., 432, Keelung Rd., Sec. 1,
Taipei 11051, Taiwan
Tel:+886-2-2723-5216　Fax:+886-2-2723-5220
Web-site:www.metrobook.com.tw
E-mail:metro@ms21.hinet.net

大都會文化 METROPOLITAN CULTURE

國家圖書館出版品預行編目資料

菩提樹下的禮物：改變千萬人的生活智慧／卓雅著. -- 初版. --臺北市：大都會文化, 2010. 07
　面；　公分. --　(Growth；35)

ISBN 978-986-6846-93-9（平裝）

1. 自我實現　2. 生活指導

177.2　　　　99009011

大都會文化　讀者服務卡

書名：**菩提樹下的禮物──改變千萬人的生活智慧**

謝謝您選擇了這本書！期待您的支持與建議，讓我們能有更多聯繫與互動的機會。

A. 您在何時購得本書：______年______月______日

B. 您在何處購得本書：____________書店，位於____________(市、縣)

C. 您從哪裡得知本書的消息：

1.□書店　2.□報章雜誌　3.□電台活動　4.□網路資訊

5.□書籤宣傳品等　6.□親友介紹　7.□書評　8.□其他

D. 您購買本書的動機：（可複選）

1.□對主題或內容感興趣　2.□工作需要　3.□生活需要

4.□自我進修　5.□內容為流行熱門話題　6.□其他

E. 您最喜歡本書的：（可複選）

1.□內容題材　2.□字體大小　3.□翻譯文筆　4.□封面　5.□編排方式　6.□其他

F. 您認為本書的封面：1.□非常出色　2.□普通　3.□毫不起眼　4.□其他

G. 您認為本書的編排：1.□非常出色　2.□普通　3.□毫不起眼　4.□其他

H. 您通常以哪些方式購書：(可複選)

1.□逛書店　2.□書展　3.□劃撥郵購　4.□團體訂購　5.□網路購書　6.□其他

I. 您希望我們出版哪類書籍：（可複選）

1.□旅遊　2.□流行文化　3.□生活休閒　4.□美容保養　5.□散文小品

6.□科學新知　7.□藝術音樂　8.□致富理財　9.□工商企管　10.□科幻推理

11.□史哲類　12.□勵志傳記　13.□電影小說　14.□語言學習（_____語）

15.□幽默諧趣　16.□其他

J. 您對本書(系)的建議：

K. 您對本出版社的建議：

讀者小檔案

姓名：_______________ 性別：□男　□女　生日：____年____月____日

年齡：□20歲以下 □21～30歲 □31～40歲 □41～50歲 □51歲以上

職業：1.□學生 2.□軍公教 3.□大眾傳播 4.□服務業 5.□金融業 6.□製造業

7.□資訊業 8.□自由業 9.□家管 10.□退休 11.□其他

學歷：□國小或以下 □國中 □高中／高職 □大學／大專 □研究所以上

通訊地址：

電話：（H）_______________（O）_______________ 傳真：_______________

行動電話：_______________ E-Mail：_______________

◎謝謝您購買本書，也歡迎您加入我們的會員，請上大都會文化網站 www.metrobook.com.tw 登錄您的資料。您將不定期收到最新圖書優惠資訊和電子報。

菩提樹下的禮物

——改變千萬人的生活智慧

北區郵政管理局
登記證北台字第9125號
免貼郵票

大都會文化事業有限公司
讀者服務部 收
11051台北市基隆路一段432號4樓之9

寄回這張服務卡〔免貼郵票〕
您可以：
◎不定期收到最新出版訊息
◎參加各項回饋優惠活動

郵政劃撥儲金存款單

98-04-43-04

收款帳號	1	4	0	5	0	5	2	9

金額 新台幣（小寫）

億	仟萬	佰萬	拾萬	萬	仟	佰	拾	元

收款戶名：大都會文化事業有限公司

寄款人　□他人存款　□本戶存款

姓名

地址　□□□-□□

電話

主管：

經辦局收款戳

虛線內備供機器印錄用請勿填寫

通訊欄（限與本次存款有關事項）

我要購買以下書籍

書名	單價	數量	合計

購書金額未滿600元，另加收60元國內掛號郵資或貨運專送運費。

總計數量及金額：共＿＿本，合計＿＿元

◎寄款人請注意背面說明
◎本收據由電腦印錄請勿填寫

郵政劃撥儲金存款收據

收款帳號戶名

存款金額

電腦紀錄

經辦局收款戳

郵政劃撥存款收據注意事項

一、本收據請妥為保管，以便日後查考。

二、如欲查詢存款入帳詳情時，請檢附本收據及已填妥之查詢函向任一郵局辦理

三、本收據各項金額、數字係機器印製，如非機器列印或經塗改或無收款郵局收訖章者無效。

大都會文化、大旗出版社讀者請注意

一、帳號、戶名及寄款人姓名地址各欄請詳細填明，以免誤寄；抵付票據之存款，務請於交換前一天存入。

二、本存款單金額之幣別為新台幣，每筆存款至少須在新台幣十五元以上，且限填至元位為止。

三、倘金額塗改時請更換存款單重新填寫。

四、本存款單不得黏貼或附寄任何文件。

五、本存款金額業經電腦登帳後，不得申請撤回。

六、本存款單備供電腦影像處理，請以正楷工整書寫並請勿摺疊。帳戶如需自印存款單，各欄文字及規格必須與本單完全相符；如有不符，各局應婉請寄款人更換郵局印製之存款單填寫，以利處理。

七、本存款單帳號與金額欄請以阿拉伯數字書寫。

八、帳戶本人在「付款局」所在直轄市或縣(市)以外之行政區域存款，需由帳戶內扣收手續費。

如果您在存款上有任何問題，歡迎您來電洽詢

讀者服務專線：(02)2723-5216(代表線)

為您服務時間：09：00～18：00(週一至週五)

大都會文化事業有限公司　　讀者服務部

交易代號：0501、0502 現金存款　0503票據存款　2212 劃撥票據託收

大都會文化
METROPOLITAN CULTURE

大都會文化
METROPOLITAN CULTURE